JULIAN FLORES FIGUEROA

DESARROLLO DE APLICACIONES MODERNAS CON C#, ASP.NET CORE Y SQL SERVER

AF387259

JULIAN FLORES FIGUEROA

DESARROLLO DE APLICACIONES MODERNAS CON C#, ASP.NET CORE Y SQL SERVER

Modelo Vista Controlador

Editorial Académica Española

Imprint

Any brand names and product names mentioned in this book are subject to trademark, brand or patent protection and are trademarks or registered trademarks of their respective holders. The use of brand names, product names, common names, trade names, product descriptions etc. even without a particular marking in this work is in no way to be construed to mean that such names may be regarded as unrestricted in respect of trademark and brand protection legislation and could thus be used by anyone.

Cover image: www.ingimage.com

Publisher:
Editorial Académica Española
is a trademark of
Dodo Books Indian Ocean Ltd. and OmniScriptum S.R.L publishing group

120 High Road, East Finchley, London, N2 9ED, United Kingdom
Str. Armeneasca 28/1, office 1, Chisinau MD-2012, Republic of Moldova, Europe
Printed at: see last page
ISBN: 978-620-0-01075-9

Copyright © JULIAN FLORES FIGUEROA
Copyright © 2024 Dodo Books Indian Ocean Ltd. and OmniScriptum S.R.L publishing group

DESARROLLO DE APLICACIONES MODERNAS CON C#, ASP.NET CORE Y SQL SERVER

Arquitectura de Software: Separación de Responsabilidades con el Modelo Vista Controlador

Julián Flores Figueroa

Universidad Estatal de Sonora

julian.flores@ues.mx

https://orcid.org/0000-0002-4155-8153

Universidad Estatal de Sonora (UES)

INDICE

INTRODUCCIÓN

En un mundo en constante transformación tecnológica, el desarrollo de software ha evolucionado de un arte individual a una disciplina rigurosa, guiada por metodologías y estándares consolidados (Microsoft, 2022). En este contexto, el modelo **Modelo-Vista-Controlador (MVC)** se destaca como una práctica fundamental para crear aplicaciones eficientes, escalables y mantenibles. Este enfoque organiza las aplicaciones en tres componentes clave: el **Modelo**, que maneja los datos y la lógica de negocio; la **Vista**, encargada de la presentación al usuario; y el **Controlador**, que gestiona la interacción entre ambos, permitiendo un desarrollo modular y reduciendo los tiempos de mantenimiento (Microsoft, 2022). Este modelo no solo optimiza la gestión del código, sino que también fomenta la colaboración entre equipos y mejora la adaptabilidad a las demandas del mercado.

El uso de herramientas avanzadas como **Visual Studio 2022**, **SQL Server Management** Studio y **Entity Framework Core** permite a los desarrolladores adquirir competencias prácticas y teóricas para enfrentar los desafíos del desarrollo moderno. Estas herramientas facilitan la creación de soluciones robustas, seguras y escalables, gestionando bases de datos relacionales mediante enfoques como **Code-First** y **Database-First**, adaptables a diversos escenarios (Microsoft, 2022). La implementación de operaciones CRUD, la configuración de migraciones y la definición de relaciones complejas, como uno a muchos y muchos a muchos, refuerzan los conocimientos prácticos, preparando a los profesionales para proyectos alineados con las exigencias del mercado.

El marco de trabajo **ASP.NET Core** impulsa la creación de aplicaciones web optimizadas y servicios RESTful mediante Web APIs, promoviendo la interoperabilidad entre sistemas (Microsoft, 2022). Adicionalmente, técnicas avanzadas como el **scaffolding** y la **ingeniería inversa** aceleran el desarrollo al generar código basado en plantillas predefinidas o esquemas de bases de datos existentes, garantizando consistencia y calidad en el producto final. Estas prácticas permiten a los desarrolladores ahorrar tiempo y recursos, centrándose en la resolución de problemas complejos.

Más allá de los aspectos técnicos, este enfoque busca formar profesionales capaces de enfrentar los retos del desarrollo con creatividad, rigor técnico y adaptabilidad. Los desarrolladores no solo deben dominar herramientas y metodologías, sino también integrar una visión innovadora que transforme ideas en soluciones tecnológicas avanzadas. Este enfoque asegura la preparación para un mercado dinámico, permitiendo responder eficazmente a las demandas de la industria y posicionando a los profesionales como líderes en un sector en constante evolución (Microsoft, 2022).

INSTALACIÓN DE LAS HERRAMIENTAS DEL CURSO

Visual Studio Community 2022 es una herramienta esencial para desarrolladores, ya que funciona como un entorno de desarrollo integrado (IDE) que simplifica la creación de aplicaciones en distintos lenguajes de programación. Su instalación es un paso inicial importante para comenzar a aprovechar sus funciones. A continuación, se describe el proceso de instalación, los requisitos previos y cómo descargar el instalador, de manera clara y accesible.

1. **Verifique los Requisitos del Sistema**

   Antes de proceder, es fundamental asegurarse de que su computadora cumple con los requisitos mínimos para garantizar que Visual Studio funcione correctamente. Esto no solo evitará problemas durante la instalación, sino que también asegurará un rendimiento fluido. Los principales requisitos incluyen:

   - **Sistema Operativo:** Windows 10, versión 1809 o superior.
   - **Procesador:** De al menos 1.8 GHz con 2 núcleos o más.
   - **Memoria RAM:** Se requiere un mínimo de 2 GB, aunque 8 GB o más son recomendables para un mejor desempeño.
   - **Espacio en Disco:** Asegúrese de contar con al menos 20 GB de espacio libre.
   - **Conexión a Internet:** Necesaria para descargar archivos y realizar actualizaciones.
   - **Ejemplo práctico:** Si su computadora tiene 4 GB de RAM y solo 15 GB libres en el disco, es posible que experimente problemas de rendimiento. Considere liberar espacio o actualizar la memoria antes de continuar.

2. **Descargue el Instalador Oficial**

   La instalación de Visual Studio comienza con la descarga del instalador desde el sitio web oficial de Microsoft. Este paso asegura que el software sea confiable y esté actualizado.

   Pasos para descargar el instalador:

   1. **Acceda al sitio web oficial:** Visite visualstudio.microsoft.com.
   2. **Seleccione la versión Community:** Haga clic en el botón de descarga para la edición Community 2022, que es gratuita y diseñada para estudiantes, desarrolladores individuales y equipos pequeños.
   3. **Guarde el archivo:** Una vez descargado, guarde el instalador en una ubicación fácil de encontrar, como el escritorio o la carpeta de descargas.

   Nota importante: Evite descargar el instalador desde sitios no oficiales para protegerse contra posibles riesgos de seguridad.

Imagen 1: Instalación de Visual Studio Community 2022

Fuente: Imagen Propia

Guía para la Instalación de Visual Studio Community 2022

Esta guía le ayudará a instalar y configurar Visual Studio Community 2022 de forma sencilla y eficiente. A continuación, se detallan los pasos principales, desde la ejecución del instalador hasta la configuración inicial, organizados para facilitar su comprensión y aplicación.

1. **Ejecución del Instalador**
   - Una vez que haya descargado el archivo de instalación:
   - **Ejecútelo:** Haga doble clic sobre el archivo descargado para comenzar.
   - **Permisos de administrador:** Es posible que el sistema le solicite permisos administrativos. Para continuar, asegúrese de conceder estos permisos.

2. **Configuración de la Instalación**
   - Cuando se abra la ventana del instalador:
     - Seleccione la edición adecuada: Elija la opción **"Visual Studio Community 2022"**.
     - Personalice la instalación:
       - En esta etapa, puede seleccionar las cargas de trabajo que más se adapten a sus necesidades. Estas incluyen opciones como:
         - o Desarrollo de aplicaciones web.

- o Creación de aplicaciones móviles.
  - o Programación para escritorio, entre otras.
- Recomendación clave: En la sección de componentes individuales, asegúrese de seleccionar todos los relacionados con .NET para un soporte completo en esta plataforma de desarrollo.

Imagen 2: Instalación de Visual Studio Community 2022

Fuente: Imagen Propia

Guía para la Instalación del Motor SQL Server 2022

La instalación del motor SQL Server 2022 es un proceso que permite configurar una potente herramienta de gestión de bases de datos. A continuación, se describe paso a paso cómo llevar a cabo esta instalación, desde la descarga hasta la configuración final.

Descarga del Software

1. Abra su navegador de internet y busque la frase "SQL Server" para localizar el sitio oficial de Microsoft.

   ☞ Enlace directo: Descarga SQL Server 2022.

   https://www.microsoft.com/esmx/sqlserver/sqlserverdownloads

2. Seleccione la edición gratuita SQL Server Express y descárguela en su computadora.

Fuente: Imagen Propia

Ejecución del Instalador

1. Acceda a la carpeta de descargas y localice el archivo descargado.
2. Haga clic derecho sobre el archivo y seleccione la opción **"Ejecutar como administrador"**.

Imagen 4: Imagen ilustrativa del menú contextual
Con la opción "Ejecutar como administrador" resaltada.

Fuente: Imagen Propia

Configuración Inicial

1. En el asistente de instalación, seleccione la opción **"Personalizado"**.
2. Deje la ruta de instalación predeterminada (o personalícela si lo prefiere) y haga clic en **"Instalar"**.

3. Espere mientras se descargan los paquetes necesarios para continuar.

Imagen 5: Interfaz del asistente de instalación,
Con la opción **"Personalizado"** seleccionada.

Fuente: Imagen Propia

Selección de Características

1. Elija la opción **"New SQL Server Standalone Installation or Add Features to an Existing Installation"**.
2. Acepte los términos de la licencia.
3. En la ventana de características, seleccione las siguientes opciones:
   - **Database Engine Services:** Para los servicios básicos del motor de base de datos.
   - **SQL Server Replication:** Para replicación de datos.
   - **Full Text Search:** Para búsquedas avanzadas.
4. Haga clic en "Siguiente" para continuar.

Imagen 6: Ventana de selección de características
Con casillas marcadas para las opciones mencionadas.

Fuente: Imagen Propia

Configuración de la Instancia

1. En la ventana de configuración de la instancia, seleccione la opción **"Default Instance"**.
2. Esto asignará automáticamente el nombre de instancia **MSSQLSERVER**.
3. Haga clic en **"Siguiente"**.

Imagen 7: Pantalla del asistente
Mostrando la selección de **"Default Instance"**.

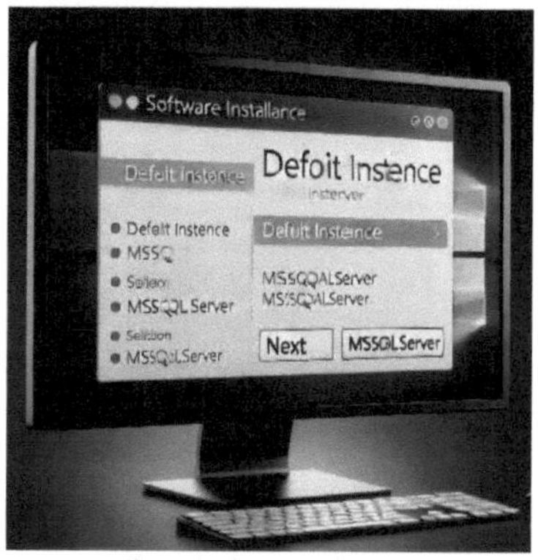

Fuente: Imagen Propia

Configuración del Servidor

1. Revise los servicios que serán instalados y mantenga las configuraciones predeterminadas.
2. Estas configuraciones asignan las cuentas del sistema necesarias para conectar los servicios.
3. Haga clic en **"Siguiente"**.

Imagen 8: Vista de los servicios predeterminados
Listos para instalación.

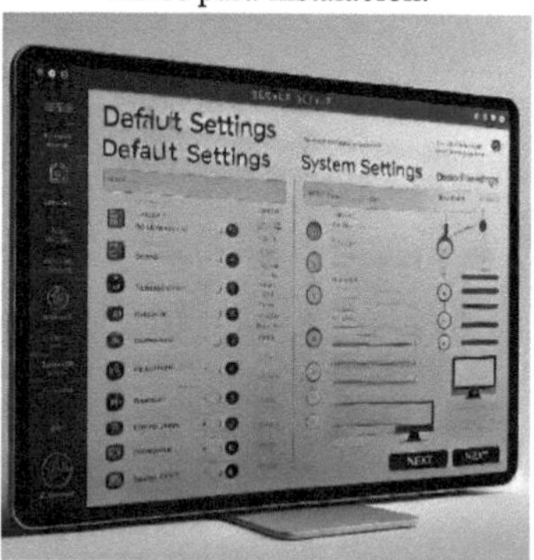

Fuente: Imagen Propia

Configuración del Motor de Base de Datos

1. Elija el modo de autenticación **"Mixed Mode"**, que permite el uso de credenciales de Windows o SQL Server.
2. Establezca una contraseña segura para el usuario administrador.
   - ☞ **Nota:** La contraseña debe incluir mayúsculas, minúsculas y números.
3. Si aparece un error, haga clic en **"Add Current User"** para añadir el usuario actual.
4. Haga clic en **"Siguiente"**.

Imagen 9: Diagrama que muestra la configuración del modo "Mixed Mode" con un campo para ingresar la contraseña.

Fuente: Imagen Propia

Finalización de la Instalación

1. Verifique que las características seleccionadas se instalen correctamente.
2. Una vez completado el proceso, cierre la ventana de confirmación.

Imagen 10: Ventana final del asistente Indicando la instalación completada con éxito.

Fuente: Imagen Propia

Comprobar la Ejecución del Servicio del Motor de SQL Server

Acceso a los Servicios de Windows

1. Abre el cuadro de búsqueda de Windows y escribe la palabra **"services"**.
2. Selecciona la opción **"Servicios"** que aparecerá en los resultados.

Imagen 11:

Fuente: Imagen Propia

Localizar el Servicio de SQL Server

1. En la ventana que muestra la lista de servicios, busca el servicio denominado **"SQL Server"**.
2. Identifica la instancia correspondiente, que generalmente aparece como **"MSSQLSERVER"**.
3. Verifica que el estado del servicio indique **"En ejecución"**.

Imagen 12:

Fuente: Imagen Propia

Nota: Este estado es crucial para garantizar que el motor de SQL Server funcione correctamente.

¿Qué hacer si el servicio está detenido?

Imagen 13:

Fuente: Imagen Propia

1. Selecciona el servicio **"SQL Server (MSSQLSERVER)"**.
2. Utiliza los controles ubicados en la parte superior de la ventana para:
   a. Iniciar el servicio, si está detenido.
   b. Detener o pausar, si es necesario por razones específicas.

Imagen 14:

Fuente: Imagen Propia

Proceso de Instalación de SQL Server Management Studio

Descargar el Software

1. Accede a la siguiente URL para iniciar la descarga:
   https://learn.microsoft.com/es-es/sql/ssms/download-sql-server-management-studio-ssms?view=sql-server-ver16
2. Descargar SQL Server Management Studio
3. Identifica y descarga la versión más reciente disponible, como la versión 20.1.

Imagen 15:

Fuente: Imagen Propia

Ejecutar el Instalador

1. Una vez descargado el archivo, haz clic derecho sobre él y selecciona "Ejecutar como administrador".
2. Cuando el sistema solicite permisos para realizar cambios, selecciona "Sí".

Imagen 16:

Fuente: Imagen Propia

Configuración e Instalación

1. Acepta la ruta predeterminada que el instalador propone.
2. Haz clic en el botón identificado como "Install" para iniciar el proceso.
3. Observa el progreso de la instalación. Una vez finalizada, el instalador lo notificará.

Imagen 17:

Fuente: Imagen Propia

Abrir SQL Server Management Studio
1. Dirígete al menú Inicio y localiza el programa SQL Server Management Studio.
2. Haz clic en su nombre para abrirlo.
3. En la ventana inicial, selecciona el botón "Connect" e ingresa las credenciales de Windows para conectarte al servidor.

Imagen 18:

Fuente: Imagen Propia

Finalizar el Proceso
1. Una vez dentro de la interfaz del administrador de SQL Server, verifica que todo funcione correctamente.
2. Realiza un reinicio de tu computadora para asegurarte de que todos los cambios se hayan aplicado correctamente.

Imagen 19:

Fuente: Imagen Propia

CREACIÓN DEL PROYECTO MODELO VISTA CONTROLADOR (MVC)

La creación de un proyecto en **Visual Studio 2022** utilizando la plantilla de Aplicación Web de **ASP.NET Core** en el patrón de diseño **ModeloVistaControlador (MVC)** es un proceso fundamental para el desarrollo de aplicaciones web robustas y mantenibles. **ASP.NET Core** es un FrameWork de desarrollo web de código abierto y multiplataforma, desarrollado por Microsoft, que permite crear aplicaciones web modernas, de alto rendimiento y seguras. El patrón MVC, por su parte, es una arquitectura que separa la aplicación en tres componentes principales: el **Modelo**, la **Vista** y el **Controlador**, facilitando la gestión del código y mejorando la escalabilidad y el mantenimiento de la aplicación.

A continuación, crearemos paso a paso un nuevo proyecto en **Visual Studio 2022** utilizando la plantilla de Aplicación Web de ASP.NET Core (**ModeloVistaControlador**).

1. **Abrir Visual Studio 2022**
   - Para comenzar, abre Visual Studio 2022 desde el menú de inicio de tu sistema operativo o desde el icono en tu escritorio.

2. **Crear un Nuevo Proyecto**
   1. En la pantalla de inicio de Visual Studio 2022, haz clic en "**Crear un nuevo proyecto**"

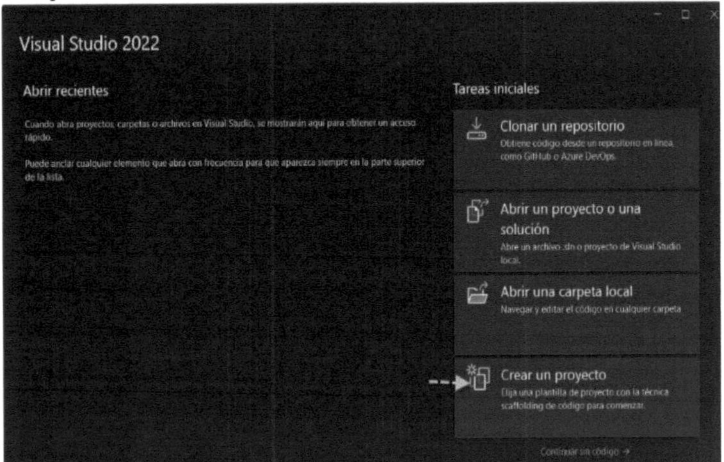

2. Se abrirá una ventana de diálogo con una lista de plantillas de proyectos disponibles. En la barra de búsqueda de la parte superior, escribe **"ASP.NET Core Web Application"** para filtrar las plantillas.

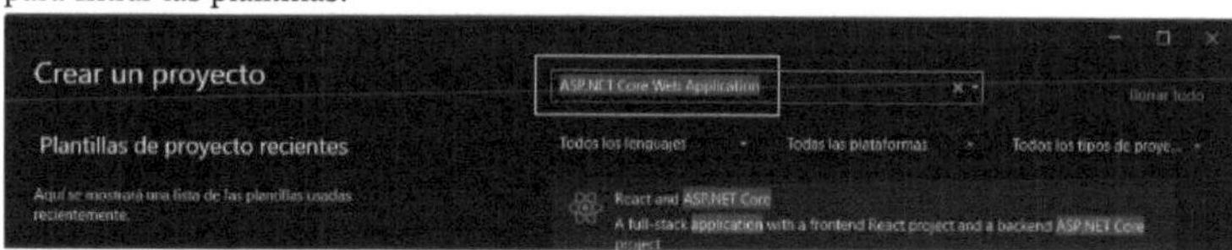

3. Selecciona **"Aplicación Web ASP.NET Core"** (ASP.NET Core Web Application) de la lista de plantillas filtradas y haz clic en "Siguiente".

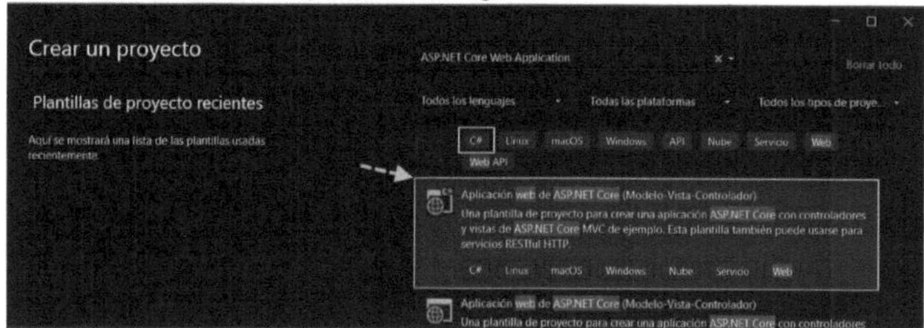

3. Configurar el Proyecto

a) En la ventana de configuración del proyecto, proporciona un nombre para tu proyecto en el campo **"Nombre del proyecto"**. Este nombre debe ser descriptivo y relevante para la aplicación que estás desarrollando.

b) Especifica la ubicación en tu sistema donde deseas guardar el proyecto en el campo **"Ubicación"**.

c) Proporciona un nombre para la solución en el campo **"Nombre de la solución"**. Una solución puede contener uno o más proyectos.

d) Haz clic en **"Crear"**.

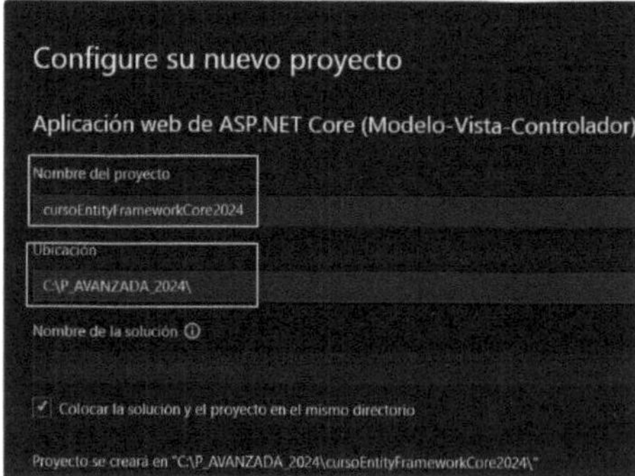

4. **Seleccionar la Plantilla de Aplicación Web**
   a) En la siguiente ventana, selecciona **".NET 6.0 (LTS)"** o la versión de **.NET Core** que prefieras en la lista desplegable de versiones del framework.
   b) Haz clic en **"Crear"**.

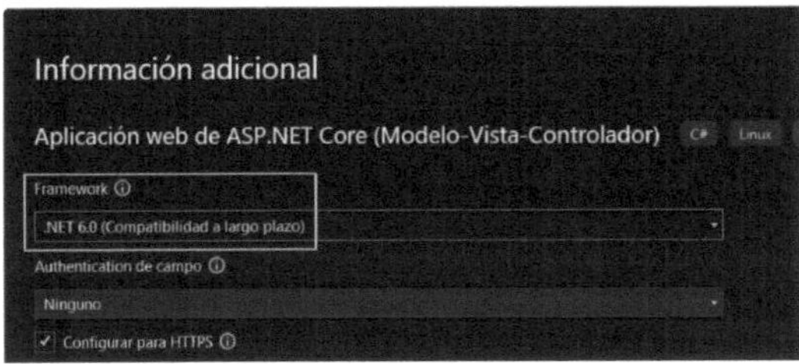

Explorar la Estructura del Proyecto

Una vez creado el proyecto, Visual Studio generará la estructura básica de una aplicación **ASP.NET Core MVC**. Esta estructura incluye carpetas y archivos predefinidos que siguen el patrón MVC:

- **Carpeta "Controllers":**
  - Contiene los controladores, que manejan las solicitudes HTTP, procesan los datos y devuelven las vistas o datos JSON.
- **Carpeta "Models":**
  - Contiene las clases que representan los datos de la aplicación.
  - Los modelos se encargan de la lógica de negocio y la interacción con la base de datos.
- **Carpeta "Views":**
  - Contiene las vistas, que son responsables de la presentación de la interfaz de usuario. Las vistas utilizan el motor de plantillas Razor para generar HTML dinámico.

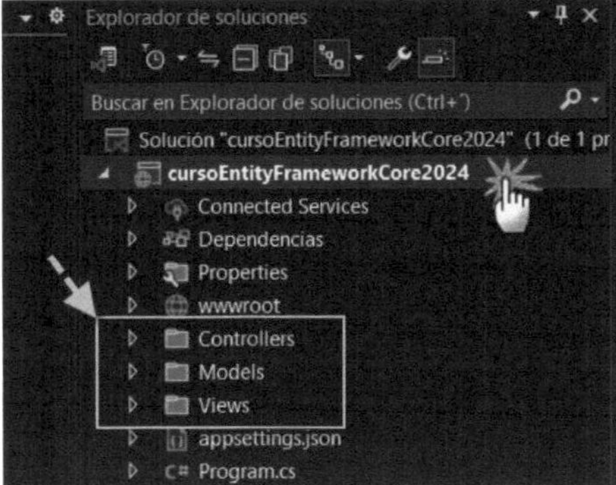

Ejecutamos y observaremos lo siguiente

INSTALAR EXTENSIONES NECESARIAS

Entity Framework Core (EF Core) es un **ORM (Object Relational Mapper)** de código abierto para **.NET** que permite a los desarrolladores trabajar con una base de datos utilizando objetos **.NET.** Esto elimina la necesidad de la mayor parte del código de acceso a datos que los desarrolladores normalmente necesitan escribir. **EF** Core soporta múltiples bases de datos, siendo Microsoft SQL Server una de las más comunes. Para trabajar con EF Core y SQL Server, se deben instalar los paquetes adecuados a través del administrador de paquetes **NuGet**. NuGet es el administrador de paquetes para la plataforma de desarrollo de Microsoft .NET. Permite a los desarrolladores compartir, utilizar e instalar bibliotecas de terceros y, al mismo tiempo, gestionar las versiones y dependencias de dichas bibliotecas.

Instalación mediante la interfaz gráfica de Visual Studio

1. **Abrir el proyecto en Visual Studio:**
   - Inicia Visual Studio y abre el proyecto al que deseas agregar **Entity Framework Core.**
2. **Abrir el administrador de paquetes NuGet:**
   - En la barra de menús, selecciona `Herramientas`.
   - Luego, selecciona `Administrador de paquetes NuGet`.

3. **Buscar e instalar `Microsoft.EntityFrameworkCore`:**
   - En la pestaña `Examinar`, busca `Microsoft.EntityFrameworkCore`.
     - Selecciona el paquete `Microsoft.EntityFrameworkCore` de la lista de resultados.

o En el panel derecho, selecciona el proyecto al que deseas agregar el paquete y haz clic en `Instalar`.

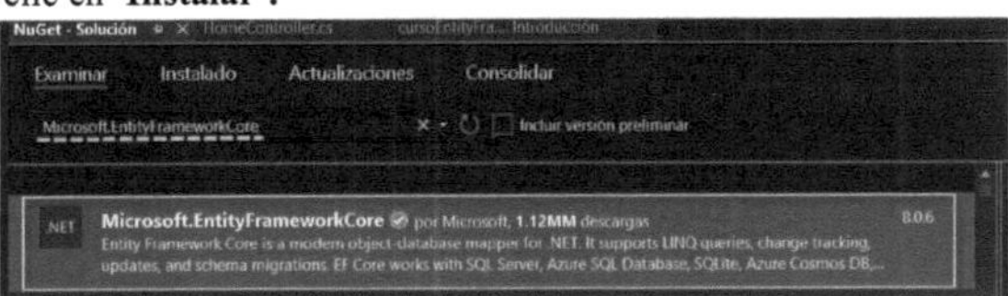

4. Aceptar los términos de la licencia:

- Aparecerá una ventana emergente con los términos de la licencia. Haz clic en `Aceptar` para continuar con la instalación.

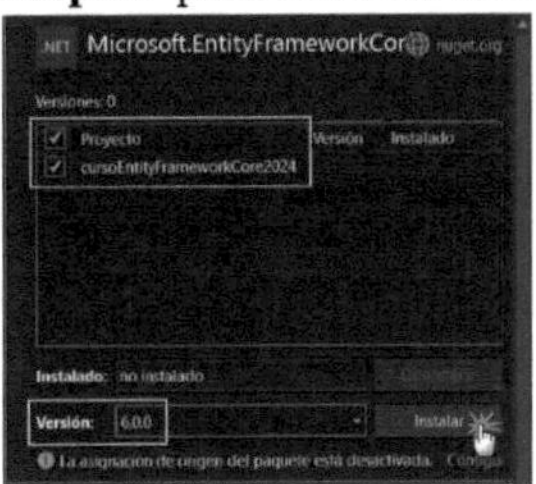 

5. Buscar e instalar `Microsoft.EntityFrameworkCore.SqlServer`:

- En la misma pestaña `Examinar`, busca:
  `Microsoft.EntityFrameworkCore.SqlServer`.
- Selecciona el paquete `Microsoft.EntityFrameworkCore.SqlServer` de la lista de resultados.

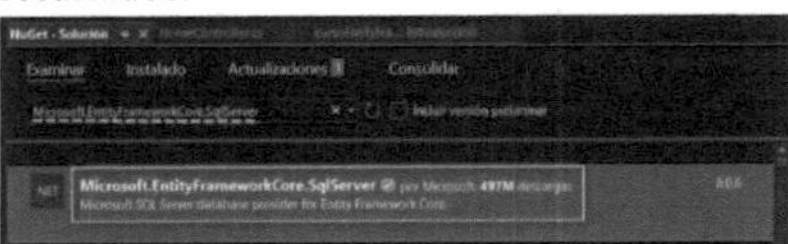

- En el panel derecho, selecciona el proyecto al que deseas agregar el paquete y haz clic en `Instalar`.

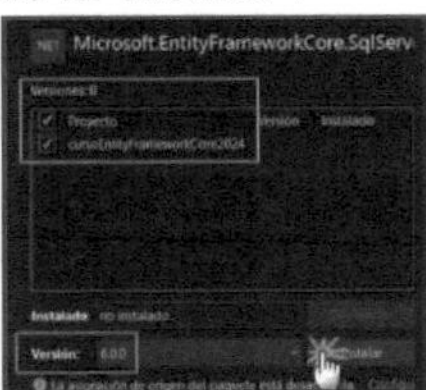 

- Podremos observar que ambos paquetes han sido instalados

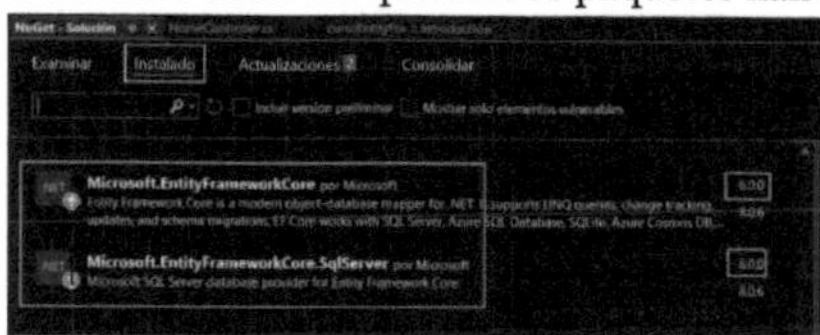

Instalación mediante la consola del Administrador de paquetes NuGet

1. **Abrir la consola del Administrador de paquetes:**
   - En Visual Studio, ve a `Herramientas`.
   - Selecciona `Administrador de paquetes NuGet` y luego `Consola del Administrador de paquetes`.

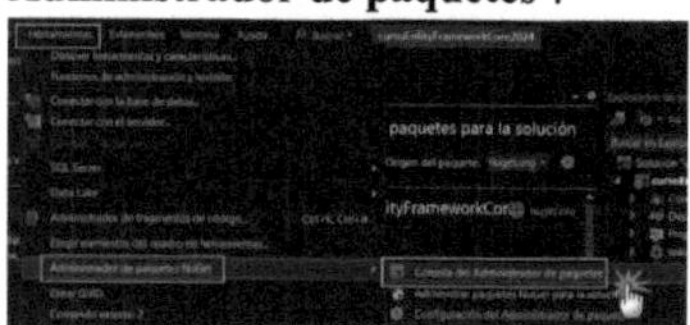

2. **Instalar `Microsoft.EntityFrameworkCore`:**
   - En la consola del **Administrador de paquetes**, escribe el siguiente comando y presiona `Enter`:

```
InstallPackage Microsoft.EntityFrameworkCore Version 6.0.0
```

3. **Instalar `Microsoft.EntityFrameworkCore.SqlServer`:**
   - En la consola del Administrador de paquetes, escribe el siguiente comando y presiona `Enter`:

```
InstallPackage Microsoft.EntityFrameworkCore.SqlServer Version 6.0.0
```

Verificación de la instalación

1. Revisar las dependencias del proyecto:
   - En el Explorador de Soluciones de Visual Studio, expande el nodo `Dependencias` o `Referencias` en tu proyecto.
   - Deberías ver `Microsoft.EntityFrameworkCore` Y `Microsoft.EntityFrameworkCore.SqlServer` en la lista.

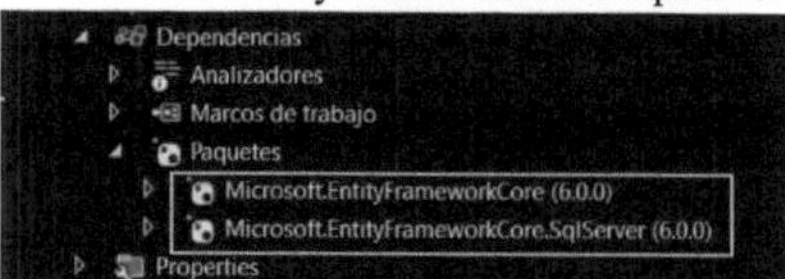

Instalar `Microsoft.EntityFrameworkCore` y `Microsoft.EntityFrameworkCore.SqlServer` utilizando NuGet es un proceso sencillo que puede realizarse tanto mediante la interfaz gráfica de Visual Studio como a través de la consola del Administrador de paquetes. Esta instalación es el primer paso para utilizar Entity Framework Core con una base de datos SQL Server en tus aplicaciones .NET, permitiéndote trabajar con datos de manera más eficiente y productiva.

CONFIGURAR LA CADENA DE CONEXIÓN

En el desarrollo de aplicaciones, especialmente en el contexto de aplicaciones web y de escritorio modernas, es fundamental gestionar adecuadamente las configuraciones y las conexiones a bases de datos. Uno de los métodos más eficientes y comunes para manejar estas configuraciones en aplicaciones basadas en **.NET** es a través del archivo `appsettings.json`.

El archivo `**appsettings.json**` es un archivo de configuración en formato JSON que se utiliza para almacenar diversas configuraciones de la aplicación, incluidas las cadenas de conexión a bases de datos, parámetros de autenticación, ajustes de registro y más. Este archivo se encuentra generalmente en el directorio raíz de una aplicación **ASP.NET Core** y ofrece una forma centralizada y estandarizada de gestionar estas configuraciones.

Estructura del Archivo `appsettings.json`

El archivo `**appsettings.json**` utiliza el formato **JSON (JavaScript Object Notation)**, que es un formato ligero de intercambio de datos, fácil de leer y escribir para los humanos y sencillo de analizar y generar para las máquinas.

Un archivo `**appsettings.json**` típico puede tener una estructura como la siguiente:

```json
{
  "Logging": {
    "LogLevel": {
      "Default": "Information",
      "Microsoft.AspNetCore": "Warning"
    }
  },
  "AllowedHosts": "",
  "ConnectionStrings": {
    "conexionSQL": "Server=localhost; Database= dbEFC; TrustServerCertificate=True; Integrated Security=True"

  }
}
```

En este ejemplo, se destacan dos secciones principales: `Logging` y `ConnectionStrings`. La sección `Logging` contiene configuraciones relacionadas con los niveles de registro de la aplicación, mientras que la sección `ConnectionStrings` incluye las cadenas de conexión a la base de datos.

¿Qué es una Cadena de Conexión?

- Una cadena de conexión es una cadena de texto que especifica información sobre cómo conectarse a una base de datos. Esta cadena puede incluir el nombre del servidor, el nombre de la base de datos, las credenciales de usuario (nombre de usuario y contraseña) y otros parámetros necesarios para establecer la conexión. La estructura y el contenido de una cadena de conexión pueden variar dependiendo del tipo de base de datos y del proveedor de la base de datos que se esté utilizando.

Crear una Cadena de Conexión en `appsettings.json`

- **Server=myServerAddress:**
  o Especifica la dirección del servidor de la base de datos. Puede ser una dirección IP, un nombre de dominio o un nombre de instancia local como `localhost`.
- **Database=myDataBase:**
  o Específica el nombre de la base de datos a la que se quiere conectar.
- **User Id=myUsername:**
  o Proporciona el nombre de usuario que se utilizará para autenticar la conexión.
- **Password=myPassword:**
  o Proporciona la contraseña correspondiente al nombre de usuario.

Generación y Configuración de un Contexto en un Proyecto .NET

Al trabajar con aplicaciones **.NET** que manejan bases de datos, es fundamental entender cómo configurar y utilizar el **contexto de la base de datos**. Este contexto actúa como un intermediario entre nuestra aplicación y la base de datos, facilitando las operaciones de *creación*, *lectura*, *actualización* y *eliminación* (**CRUD**).

En esta sección del curso, detallaremos cómo generar un directorio para almacenar nuestra configuración de datos, cómo crear una clase de contexto y cómo configurarla adecuadamente usando **Entity Framework Core**.

Creación del Directorio "Datos"

- Primero, debemos organizar nuestro proyecto creando un directorio donde almacenaremos nuestras configuraciones de datos. Este directorio lo llamaremos **"Datos"**.

- Este paso asegura que nuestras configuraciones de datos están bien organizadas y separadas del resto del proyecto.

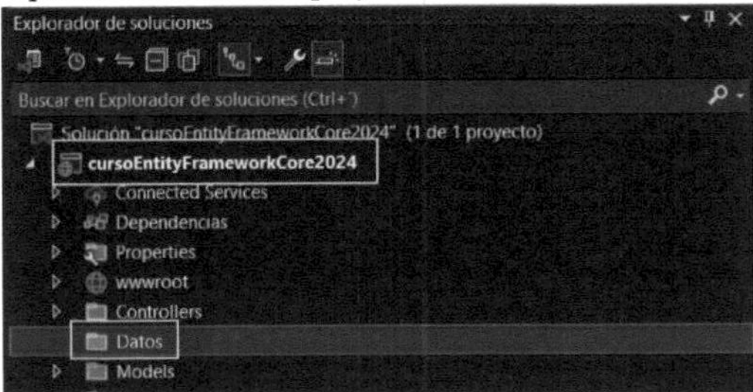

Creación de la Clase `AplicationDbContext`

- En el directorio **"Datos",** crearemos una nueva clase que será nuestro contexto de base de datos. Esta clase se identificará como `AplicationDbContext.cs`.

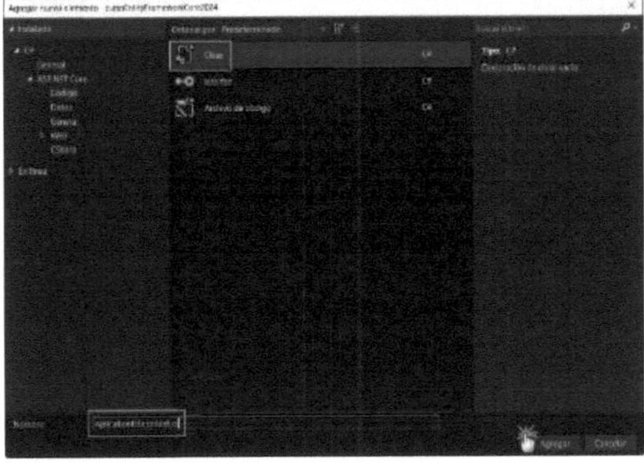

Configuración de la Clase de Contexto

- Nuestra clase `AplicationDbContext` debe heredar de la clase `DbContext`, que es proporcionada por Entity Framework Core. Para ello, es crucial importar el **namespace `Microsoft.EntityFrameworkCore`.**

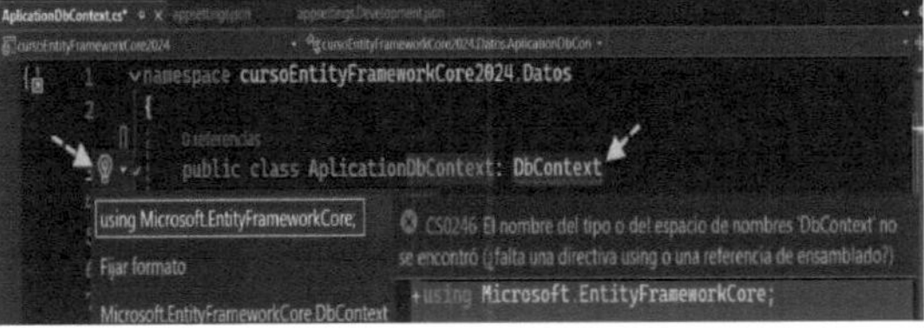

Creación del Constructor

Crear el Constructor:

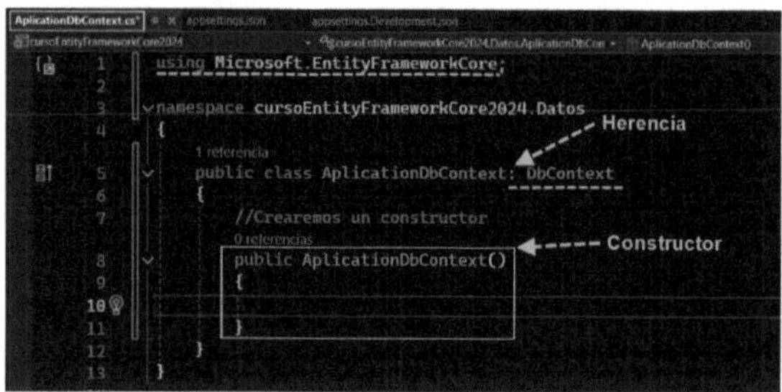

- El constructor de `AplicationDbContext` necesita aceptar una instancia de `DbContextOptions`. Este objeto contiene la configuración necesaria para conectarse a la base de datos. En el constructor, pasamos esta instancia a la clase base `AplicationDbContext`.
- `DbContextOptions<AplicationDbContext>`:
  - Especifica las opciones de configuración para `AplicationDbContext`.
- `base (opciones) `:
  - Llama al constructor de la clase base `DbContext` pasando las opciones de configuración.

Configuración del Contexto de Base de Datos en ASP.NET Core

En el desarrollo de aplicaciones **web con ASP.NET Core**, la configuración del contexto de base de datos es un paso crucial. Este proceso permite que nuestra aplicación se comunique con la base de datos a través de **Entity Framework Core (EF Core).**

Abrir el archivo Program.cs

- El archivo `Program.cs` es el punto de entrada de una aplicación ASP.NET Core. Aquí es donde se configura y se inicia la aplicación. Para comenzar, debemos abrir este archivo en nuestro proyecto.

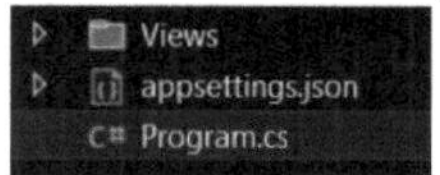

Posicionarse en la Sección de Configuración del `builder`
- Dentro del archivo `**Program.cs**`, encontraremos la sección donde se crea y configura el objeto `**builder**`. Este objeto es esencial para la configuración de servicios y **middleware** de la aplicación.

```
Program.cs
cursoEntityFrameworkCore2024
1  using cursoEntityFrameworkCore2024.Datos;
2  using Microsoft.EntityFrameworkCore;
3  using Microsoft.Extensions.Configuration;
4
5  var builder = WebApplication.CreateBuilder(args);
6
```

Utilizar el Objeto `builder` para Configurar el Contexto de Base de Datos

Para configurar el contexto de base de datos, utilizaremos el objeto `**builder**` para acceder a la colección de servicios y añadir la configuración del contexto mediante `**AddDbContext**`.

1. **Acceder a `Services` y `AddDbContext`:**
   - Utilizaremos el operador punto [.] para acceder a la propiedad `**Services**` del objeto `**builder**`, y nuevamente utilizaremos el operador punto para llamar al método `**AddDbContext**`.
     - Este método es utilizado para registrar el **contexto** de base de datos en el contenedor de dependencias.
       ```
       builder.Services.AddDbContext<ApplicationDbContext>(
       ```

2. **Colocar Paréntesis y Aplicar Configuración:**
   - Dentro de los paréntesis de `**AddDbContext**`, vamos a definir una configuración utilizando una expresión lambda.
   - Esto nos permite configurar cómo EF Core debe conectarse a la base de datos.
     ```
     builder.Services.AddDbContext<ApplicationDbContext>(options =>
     ```

3. **Configurar el Proveedor de Base de Datos:**
   - En la expresión lambda, utilizaremos el operador punto para llamar al método `**UseSqlServer**`, que configura **EF Core** para utilizar **SQL Server** como proveedor de base de datos. Este método toma como argumento una cadena de conexión, la cual obtendremos de la configuración de la aplicación.
     ```
     builder.Services.AddDbContext<ApplicationDbContext>(options =>
         options.UseSqlServer(
     ```

4. **Obtener la Cadena de Conexión:**
   o Para obtener la cadena de conexión desde la configuración de la aplicación, utilizaremos el objeto `builder` para acceder a la configuración y obtener la cadena de conexión mediante el método `GetConnectionString`. Este método toma como argumento el nombre de la cadena de conexión definida en el archivo de configuración `appsettings.json`.

```csharp
builder.Services.AddDbContext<ApplicationDbContext>(options =>
    options.UseSqlServer(
        builder.Configuration.GetConnectionString("nombre_conexion")
    )
);
```

CÓDIGO COMPLETO

El código completo en el archivo `Program.cs` debería verse algo así:

```csharp
using cursoEntityFrameworkCore2024.Datos;
using Microsoft.EntityFrameworkCore;
using Microsoft.Extensions.Configuration;

var builder = WebApplication.CreateBuilder(args);

//Configuramos la conexion a SQLServer
builder.Services.AddDbContext<AplicationDbContext>(options =>

options.UseSqlServer(builder.Configuration.GetConnectionString("conexionSQL")));
```

Este método asegura que nuestra aplicación esté correctamente configurada para interactuar con la base de datos, permitiéndonos aprovechar las capacidades de Entity Framework Core para realizar operaciones de base de datos de manera eficiente y segura.

Creación de una Clase "Categoría" en el Directorio "Models"

En el desarrollo de software, especialmente en aplicaciones basadas en ASP.NET Core utilizando Entity Framework, es común crear clases para representar entidades de datos. En este caso, nos enfocaremos en la creación de una clase llamada **"Categoría"** dentro del directorio **"Models"**.

Creación de la Clase "Categoría"

1. **Ubicación del Directorio "Models":** En un proyecto **ASP.NET Core,** el directorio **"Models"** suele estar ubicado dentro de la estructura del proyecto, donde se organizan las clases que representan modelos de datos.

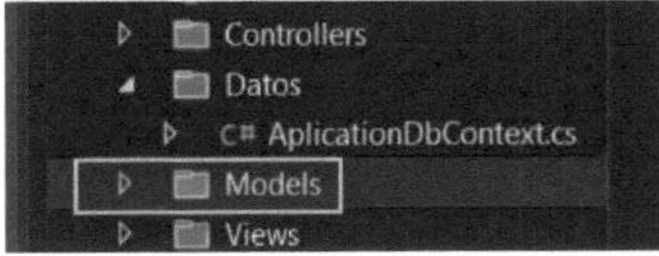

2. **Creación de la Clase:**
   o Navega hacia el directorio **"Models"** dentro de tu proyecto y genera la clase, la cual identificaremos como **"Categoria.cs"**

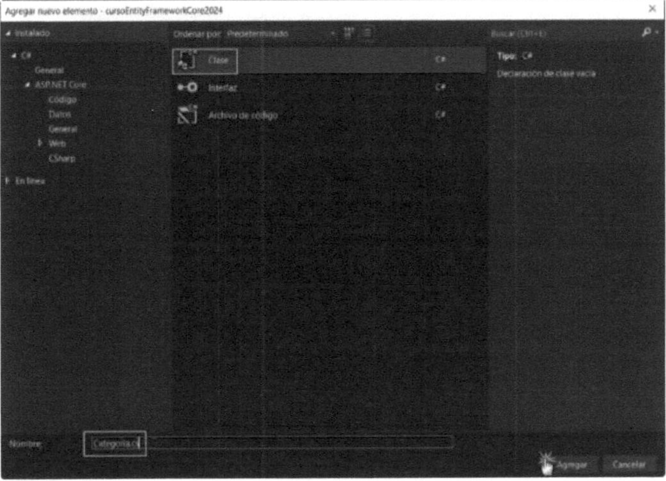

3. Definición de la Clase "**Categoría**":
   o Esta clase representa una categoría y tiene una propiedad pública `NombreCategoria` de tipo `string`. Esta propiedad permite almacenar y manipular el nombre de la categoría en el sistema.

```csharp
public class Categoria
{
    // Propiedad para el nombre de la categoría
    public string NombreCategoria { get; set; }
}
```

Configuración en "AplicationDbContext"

Después de definir la clase **"Categoría",** es crucial configurarla en el contexto de la aplicación para que Entity Framework pueda gestionarla como una tabla en la base de datos.
1. **Archivo "ApplicationDbContext":**
   - En la estructura de un proyecto ASP.NET Core, `ApplicationDbContext` es la clase que actúa como el contexto de la base de datos, donde se especifican los conjuntos de entidades (**DbSets**).
2. **Agregar DbSet para "Categoría":**
   - dentro de la clase `ApplicationDbContext`, estamos agregando un **DbSet** llamado `Categorias`, que está configurado para manejar entidades de tipo `Categoria`. Esto permite a Entity Framework interactuar con la tabla de base de datos asociada a la clase `Categoria`.

```csharp
// Indicamos los modelos (DbSets)
public DbSet<Categoria> Categorias { get; set; }
```

Migración de Clase de Modelo en Desarrollo de Software

La migración de clase de modelo es un proceso fundamental en el desarrollo de software, especialmente cuando trabajamos con bases de datos relacionales utilizando tecnologías como **Entity Framework en .NET.**

Instalación del Paquete Entity Framework Tools
- Para poder ejecutar migraciones, necesitamos instalar el paquete `Microsoft.EntityFrameworkCore.Tools`. Es importante asegurarnos de tener instalada la versión compatible con nuestra versión de Entity Framework Core. Para lo cual, seguiremos estos pasos:

Abrir el Administrador de Paquetes NuGet:
- Desde Visual Studio, vamos a `Tools > NuGet Package Manager > Manage NuGet Packages for Solution`.

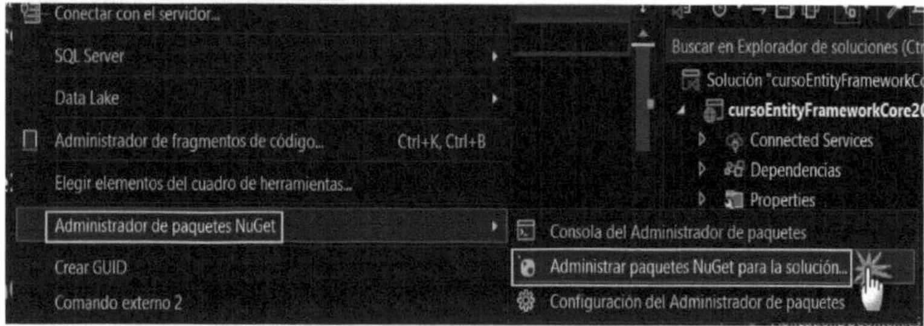

Buscar e Instalar el Paquete:

- En la pestaña `Browse`, buscamos `Microsoft.EntityFrameworkCore.Tools`.
- Seleccionamos la versión adecuada (en este caso, versión 6.0).
- Instalamos el paquete en nuestro proyecto.

CREACIÓN DE LA MIGRACIÓN

La migración de clase de modelo es un proceso clave para reflejar cambios en la estructura de nuestra base de datos. Asegurándonos de tener instaladas las herramientas adecuadas y seguir los pasos correctamente, podemos gestionar eficazmente la evolución de nuestro esquema de base de datos en proyectos utilizando **Entity Framework Core.**

1. Abrir la Consola del Administrador de Paquetes:
   - Vamos a `**Tools > NuGet Package Manager > Package Manager Console**`.

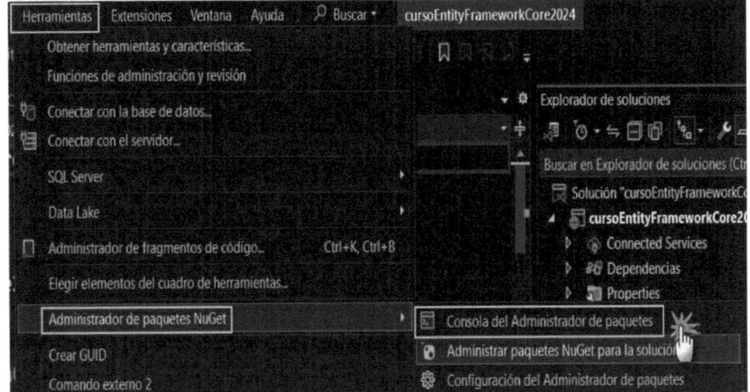

2. **Ejecutar el Comando `addmigration`:**
   - En la consola, ejecutamos el comando `addmigration " nombre_migracion"`, donde `"nombre_migracion"` es un nombre descriptivo para la migración que estamos creando.
   - **Por ejemplo:** `addmigration migracionTablaCategoria`.
     - Si todo está configurado correctamente, la consola debería mostrar que la migración se ha aplicado sin errores.

```
Consola del Administrador de paquetes
Origen del paquete: Todo          Proyecto predeterminado: cursoEntityFrameworkCore2024
   PM> add-migration migracionCreacionTablaCategoria
   Build started...
   Build succeeded.
   Microsoft.EntityFrameworkCore.Infrastructure[10403]
         Entity Framework Core 6.0.0 initialized 'AplicationDbContext' using provider 'Microsoft.EntityFrameworkCore.SqlServer:6.0.0'
   with options: None
   To undo this action, use Remove-Migration.
   PM> |
```

El Comando updatedatabase

Una vez que la migración ha sido creada, el siguiente paso es aplicarla a la base de datos. Aquí es donde entra en juego el comando **updatedatabase**. Este comando aplica todas las migraciones pendientes a la base de datos, asegurando que el esquema de la base de datos esté actualizado con el modelo de datos de la aplicación.

Para ejecutar este comando, utilizamos nuevamente la consola de administración de paquetes:

```
update-database
```

Al ejecutar updatedatabase, Entity Framework realiza varias tareas, a continuación se especificaran los detalles de cada una:
1. **Conexión a la Base de Datos:**
   - **EF** se conecta a la base de datos especificada en la cadena de conexión de la configuración de la aplicación.
2. **Verificación del Estado de la Base de Datos:**
   - **EF** verifica las migraciones que ya han sido aplicadas a la base de datos.
   - Esto lo hace consultando una tabla especial que mantiene un registro de las migraciones aplicadas.
3. **Aplicación de las Migraciones Pendientes:**
   - EF aplica todas las migraciones que aún no han sido ejecutadas en la base de datos. Esto incluye la creación de nuevas tablas, la modificación de tablas existentes, la adición de columnas, la eliminación de columnas, entre otras.
4. **Actualización del Registro de Migraciones:**
   - Una vez aplicadas las migraciones, EF actualiza el registro de migraciones en la tabla especial, asegurando que no se vuelvan a aplicar las mismas migraciones.

Podemos verificar esto utilizando una herramienta de administración de bases de datos, como **SQL Server Management Studio (SSMS)**, para inspeccionar el esquema de la base de datos.

- Deberíamos ver algo similar a lo siguiente:

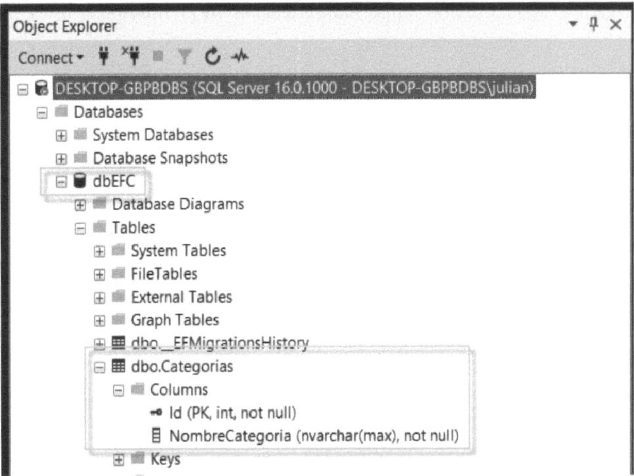

Conexión SQL y Creación de Base de Datos en SQL Server

Abrir el Explorador de Objetos en SQL Server
1. **Inicia SQL Server Management Studio (SSMS).**
   - Una vez dentro, localiza la sección Explorador de Objetos (normalmente en la parte izquierda de la pantalla).
   - Este panel te permitirá explorar las conexiones, bases de datos y otros objetos dentro de SQL Server.

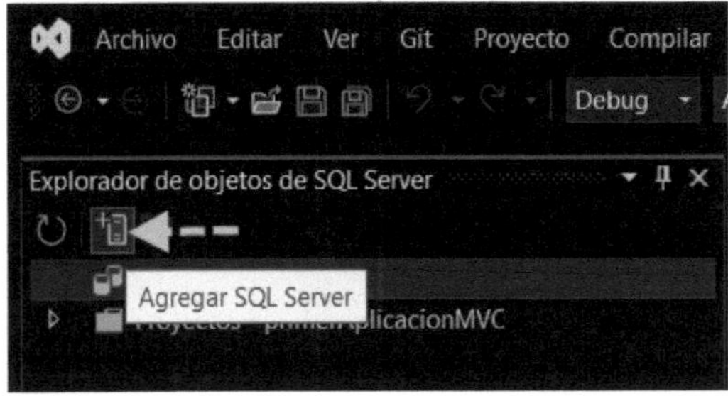

2. **Agregar una** Conexión **a SQL Server**

- o Dentro del Explorador de Objetos, pulsa el botón **Conectar** en la parte superior.
- o Selecciona **Motor de base de datos**.... Se abrirá una ventana para configurar la conexión.
- o En el campo Nombre del servidor, selecciona tu servidor local (**MSSQLLocalDB**).
- o En el campo Autenticación, elige **Autenticación de Windows** si estás usando las credenciales de tu sistema operativo.
- o Pulsa Conectar.

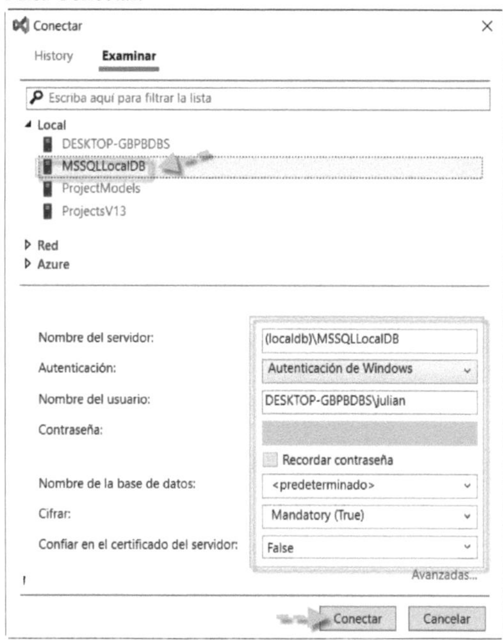

Confirmar la Conexión

1. Verifica que en el Explorador de Objetos ahora aparece tu servidor bajo la sección Servidores. Esto indica que la conexión ha sido exitosa.

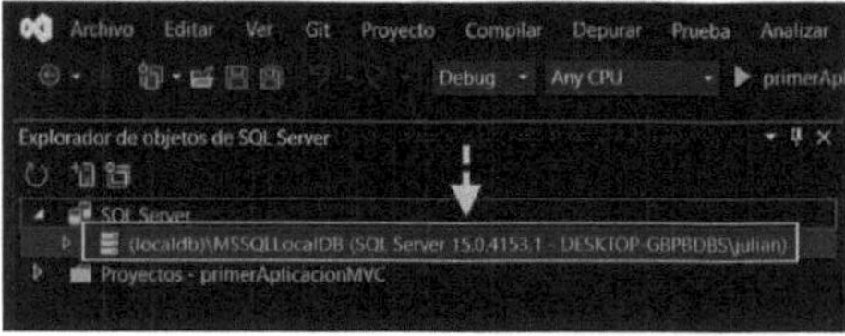

2. **Crear una Base de Datos**
   o Dentro del Explorador de Objetos, **expande** la sección que dice Bases de datos.
   o Haz clic derecho sobre Bases de datos y selecciona **Nueva base de datos**... en el menú contextual.
   o Aparecerá una ventana donde debes proporcionar un nombre para la nueva base de datos. Escribe **EjemploEFC**.
   o Pulsa **Aceptar** para confirmar la creación de la base de datos.

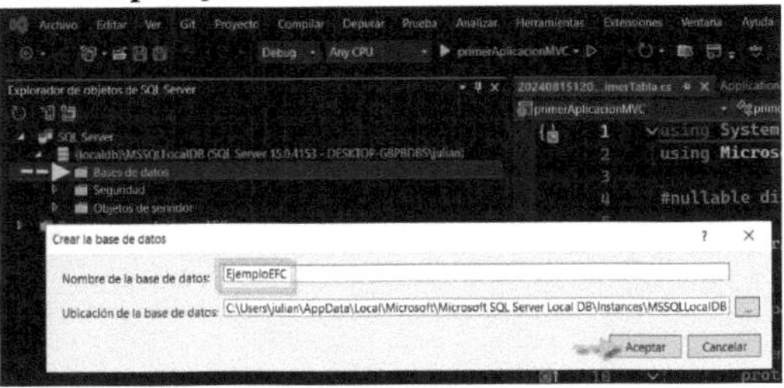

3. **Verificar** la **Creación de la Base de Datos**
   o En el Explorador de Objetos, dentro de Bases de datos, ahora deberías ver una nueva base de datos llamada **EjemploEFC**.
   o Expande la base de datos para ver sus tablas, vistas y otros objetos disponibles. Inicialmente, estará vacía.

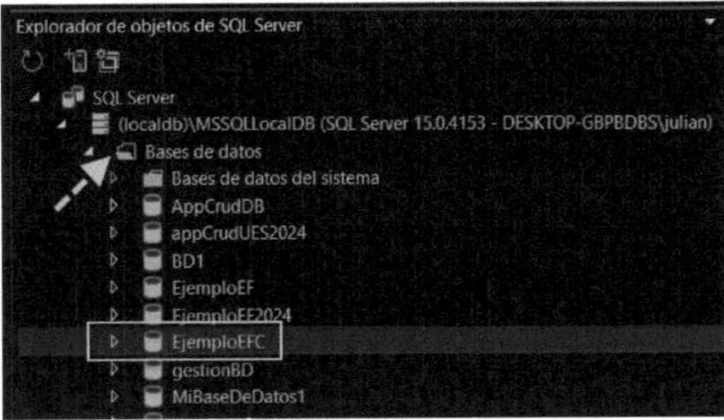

Configuración de Cadena de Conexión en `appsettings.json`

1. Ubicar el Archivo **appsettings.json**:
   o Dentro de tu proyecto .NET, busca el archivo llamado **appsettings.json**. Este archivo se encuentra en la raíz del proyecto y es el lugar donde se configuran ajustes generales de la aplicación, como cadenas de conexión y configuraciones específicas.
   o Abrir el Archivo **appsettings.json**:
   o Haz clic derecho sobre el archivo y selecciona **"Abrir"** o **"Open"**.
   o El archivo se abrirá en el editor de texto.
   o Identificar la Sección de Cadena de Conexión (**ConnectionStrings**):

o Dentro del archivo, localiza la sección "ConnectionStrings".

▪ Si no existe, deberás agregarla como se muestra a continuación:

```json
{
    "ConnectionStrings": {
      "DefaultConnection": ""
    }
}
```

2. Añadir la Cadena de Conexión:

o En la clave **"DefaultConnection"**, debes pegar la cadena de conexión que has proporcionado.

o Esta cadena conecta la aplicación a una base de datos local.

o El código se verá de la siguiente manera:

```json
{
    "ConnectionStrings": {
      "DefaultConnection":
"Server=(localdb)\\mssqllocaldb;Database=EjemploEFC;Trusted_Connection=True
;MultipleActiveResultSets=true"
    }
}
```

Explicación de la Cadena de Conexión:

o **Server=(localdb) \\mssqllocaldb;**

▪ Especifica el servidor local donde se encuentra la base de datos.

o **Database=EjemploEFC;**

▪ Indica el nombre de la base de datos que utilizarás, en este caso **"EjemploEFC"**.

o **Trusted_Connection=True;**

▪ Utiliza la autenticación de Windows para conectarse a la base de datos.

▪ MultipleActiveResultSets=**true;**

▪ Permite ejecutar múltiples consultas al mismo tiempo en la conexión.

Verificación y Configuración de la Cadena de Conexión en el Archivo `Program.cs`

1. Verificar y configurar la cadena de conexión en el archivo `**Program.cs**`, asegurándote de que el nombre de la cadena de conexión coincida con el argumento utilizado en la función `**GetConnectionString**`.

2. Navega al Explorador de Soluciones. En este panel, encontrarás todos los archivos y carpetas de tu proyecto.

Localizar el Archivo `Program.cs`
1. En el Explorador de Soluciones, busca el archivo llamado `Program.cs`. Este archivo lo encontraras en la raíz del proyecto o en la carpeta `Properties`.
2. Haz doble clic en el archivo para abrirlo.

3. **Verificar la** Cadena **de Conexión en `Program.cs`**
4. Dentro del archivo `Program.cs`, busca la línea donde se utiliza la función `GetConnectionString`. Esto generalmente se ve de la siguiente manera:

```
var connectionString = builder.Configuration.GetConnectionString("NombreDeLaCadena");
```

5. En esta línea, toma nota del argumento entre comillas que se pasa a la función `GetConnectionString`. Este argumento es el **nombre de la cadena de conexión**.

Asegurarse que el Nombre Coincida
1. El siguiente paso es asegurarte de que el nombre especificado en `GetConnectionString` coincida con el nombre configurado en tu archivo `appsettings.json`.
2. Para verificar esto, abre el archivo `appsettings.json`, que también se encuentra en el **Explorador de Soluciones**.

Dentro de `appsettings.json`, deberías encontrar algo similar a:

```json
{
  "ConnectionStrings": {
    "DefaultConnection":
                "Server=(localdb) \\mssqllocaldb;
                Database=EjemploEF;
                Trusted_Connection=True;
                MultipleActiveResultSets=true"
  }
}
```

6. **Importante:** Asegúrate de que el nombre especificado en `GetConnectionString` (en el archivo `Program.cs`) sea exactamente el mismo que el nombre dentro de `"ConnectionStrings"` en el archivo `appsettings.json`.

Guardar Cambios y Compilar
1. Si realizaste algún cambio para corregir el nombre de la cadena de conexión, guarda todos los archivos.
2. **Compila y ejecuta** el proyecto para verificar que todo funcione correctamente.

```
add-migration migrarLocalDB
update-database
```

Agregar Clase y Configurar Base de Datos en un Proyecto .NET

1. Agregar una nueva clase, establecer propiedades, añadir un DbSet en el contexto de base de datos y realizar migraciones para actualizar la base de datos en un proyecto .NET.
2. Agregar la Clase **"Cancion"**
3. Dirígete al Explorador de Soluciones en tu entorno de desarrollo.
4. Ubica la carpeta que se identifica como **"Models"**.
5. Haz clic derecho sobre la carpeta "Models". Aparecerá un menú contextual.
6. En el menú, selecciona la opción **Agregar > Clase.**
7. Asigna el nombre Cancion a la nueva clase y presiona Enter.
8. Añadir Propiedades a la Clase **"Cancion"**
9. Verás que la clase "Cancion" ha sido creada.
10. Dentro del cuerpo de la clase (entre las llaves { }), añade las siguientes propiedades

```
public class Cancion
{
    public int Id { get; set; }
    public string Titulo { get; set; }
    public string Artista { get; set; }
    public TimeSpan Duracion { get; set; }
}
```

Añadir un DbSet en el Contexto de Base de Datos

1. Ubica el archivo **contextoDB.cs** (o como lo hayas nombrado) en tu proyecto.
2. Abre el archivo y dentro de la clase del contexto, añade un DbSet para la entidad **"Cancion"**

```
public DbSet<Cancion> Canciones { get; set; }
```

Realizar Migraciones

1. Ve al menú **Ver > Otras Ventanas > Consola del Administrador de Paquetes**.
2. Se abrirá la consola del Administrador de Paquetes (**PM**).
3. Para generar una migración, ingresa el siguiente comando:

```
Add-Migration CrearTablaCanciones
```

Actualizar la Base de Datos

- Para aplicar los cambios y crear la tabla en la base de datos, ejecuta el siguiente comando en la consola del Administrador de Paquetes (**PM**):

```
Update-Database
```

Verifica la creación de la Tabla en la Base de datos, expande la ramificación de la estructura de la base de datos, con la finalidad de visualizar la tabla que se creó en la base de datos.

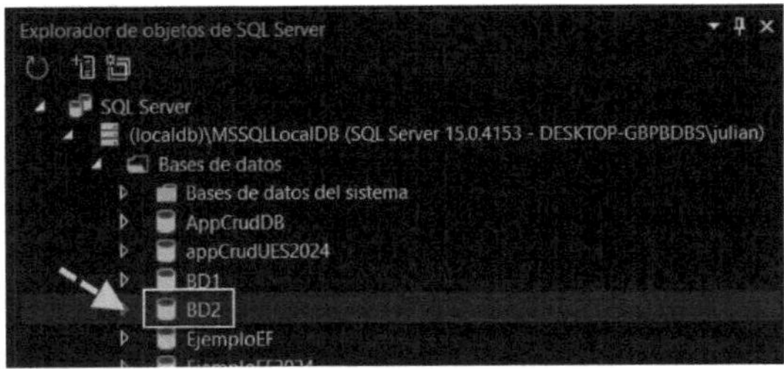

TRABAJAR CON LA METODOLOGIA DATABASE FIRST: Importación de Base de Datos en SQL Server Management Studio

Microsoft SQL Server Management Studio (SSMS) es una herramienta poderosa para la gestión y administración de bases de datos **SQL Server**. Una de las tareas fundamentales que se puede realizar con **SSMS** es la importación de bases de datos. Este proceso es esencial cuando se necesita migrar datos desde otro sistema, restaurar una base de datos desde un respaldo o simplemente transferir datos entre servidores **SQL Server.**

En esta explicación, se describirán los pasos necesarios para importar una base de datos en **SQL Server Management Studio**, cubriendo desde la preparación del entorno hasta la verificación de la importación.

Restaurar la Base de Datos desde un Archivo de Respaldo
1. **Conectarse al Servidor:**
   - En el panel de Object Explorer, expanda la instancia del servidor **SQL Server** y haga clic derecho en **"Databases"**.
2. **Seleccionar la Opción de Restauración:**
   - En el menú contextual, seleccione la opción **"Restore Database..."**.

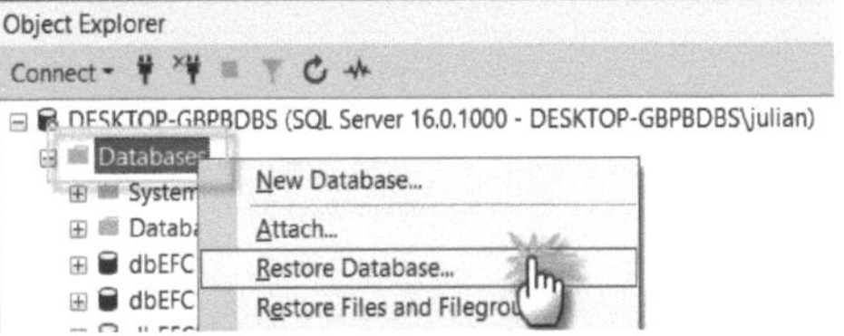

3. **Configurar la Restauración:**

- **Source (Origen):** Seleccione **"Device"** y haga clic en el botón con los tres puntos **(...)**.

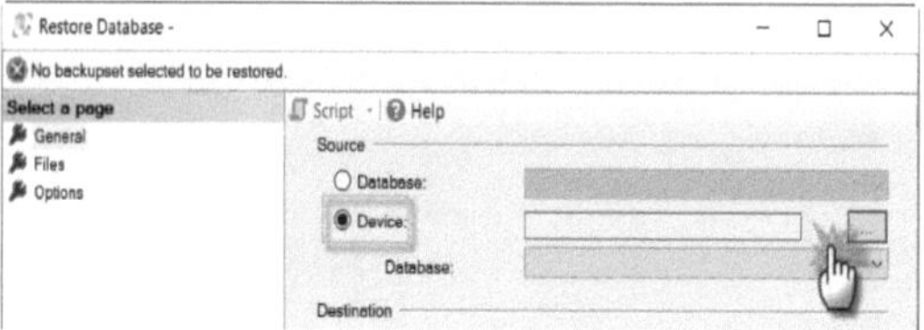

- **Seleccionar el Archivo de Respaldo:** En la ventana **"Select backup devices"**, haga clic en **"Add"** y navegue hasta el archivo **.bak** de respaldo de la base de datos. Selecciónelo y haga clic en **"OK"**.

- **Destino (Destination):** Ingrese el nombre de la nueva base de datos en el campo **"Database"**. Este será el nombre con el cual se creará la base de datos en el servidor.

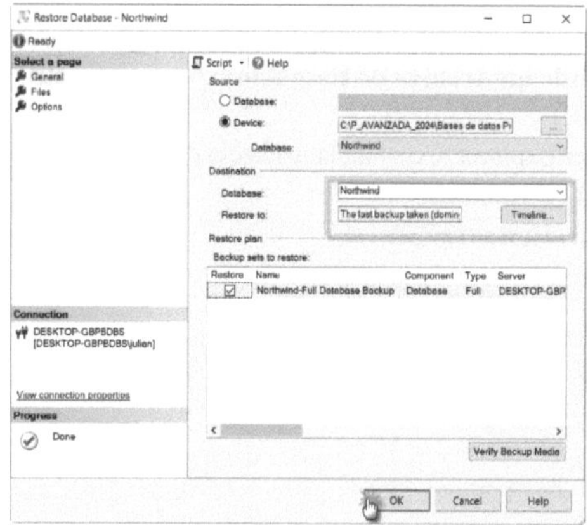

4. Opciones de Restauración:

- **Files (Archivos):** Verifique las ubicaciones de los archivos de datos y de registro. Puede cambiar las ubicaciones si es necesario.

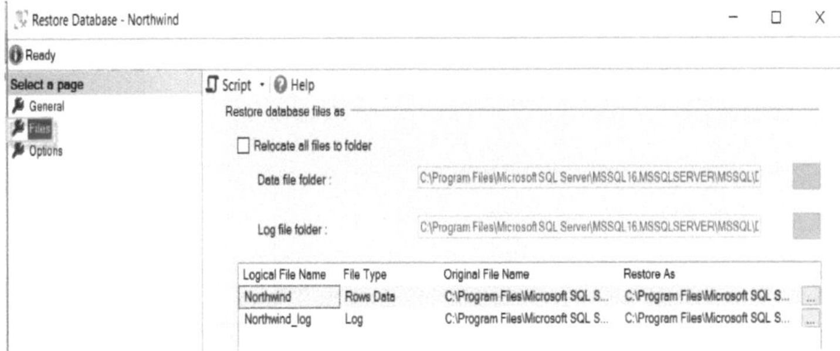

- **Options (Opciones):** Marque las casillas **"Overwrite the existing database"** si está restaurando sobre una base de datos existente. También puede seleccionar otras opciones según sus necesidades, como **"Close existing connections"**.

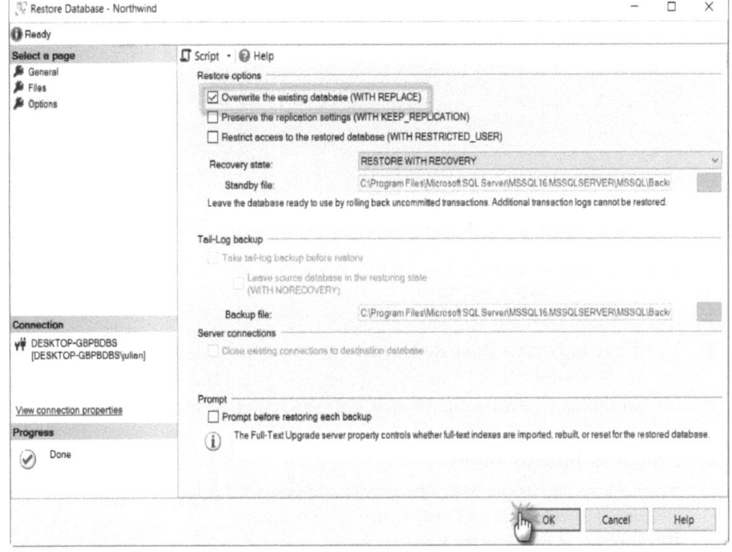

5. **Iniciar la Restauración:** Haga clic en **"OK"** para iniciar el proceso de restauración. **SSMS** mostrará el progreso de la restauración y notificará cuando el proceso haya finalizado con éxito.

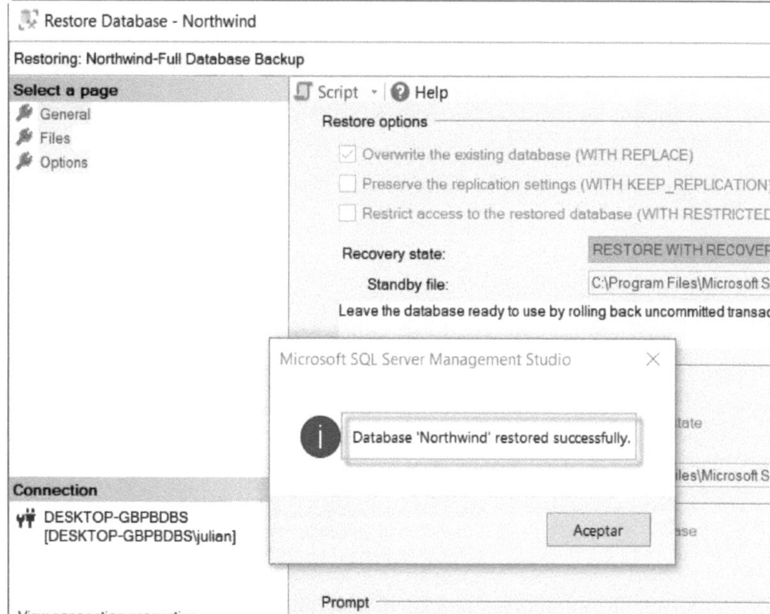

Verificación de la Importación

1. **Verificar la Nueva Base de Datos:**
   - En el panel de Object Explorer, expanda la carpeta **"Databases"** y busque la base de datos importada. Expándala para verificar que todas las tablas, vistas, procedimientos almacenados y otros objetos de la base de datos estén presentes.
2. **Probar la Base de Datos:**
   - Realice consultas de prueba para asegurarse de que los datos se han importado correctamente y que la base de datos está funcionando como se espera.
3. **Revisar los Archivos de Log:**
   - Verifique los archivos de log del servidor **SQL Server** para asegurarse de que no haya errores durante el proceso de restauración.

SCAFFOLDING E INGENIERÍA INVERSA

El **scaffolding** es una técnica que permite generar automáticamente el código necesario para las operaciones básicas de una aplicación, como la **creación**, **lectura**, **actualización** y **eliminación (CRUD)**. En el contexto de desarrollo de software, el scaffolding se utiliza para agilizar el proceso de desarrollo y minimizar la cantidad de código repetitivo que los desarrolladores necesitan escribir. Esta técnica se basa en la utilización de plantillas predefinidas y es especialmente útil en aplicaciones de bases de datos. **La ingeniería inversa,** por otro lado, es el proceso de analizar un sistema existente para identificar sus componentes y sus interrelaciones, y así crear representaciones de dicho sistema en otra forma o en un nivel de abstracción más alto. En el contexto de bases de datos y desarrollo de software, la ingeniería inversa se utiliza para generar modelos de datos y código fuente a partir de una base de datos existente.

Crear un Nuevo Proyecto

1. En la pantalla de inicio de **Visual Studio 2022**, haz clic en "**Crear un nuevo proyecto**".

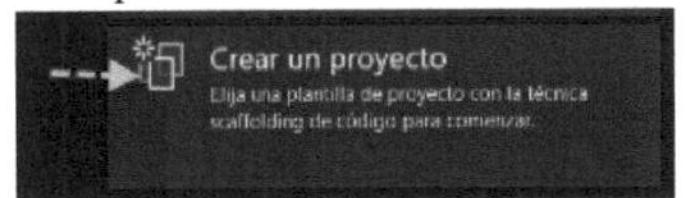

2. Se abrirá una ventana de diálogo con una lista de plantillas de proyectos disponibles. En la barra de búsqueda de la parte superior, escribe **"ASP.NET Core Web Application"** para filtrar las plantillas.

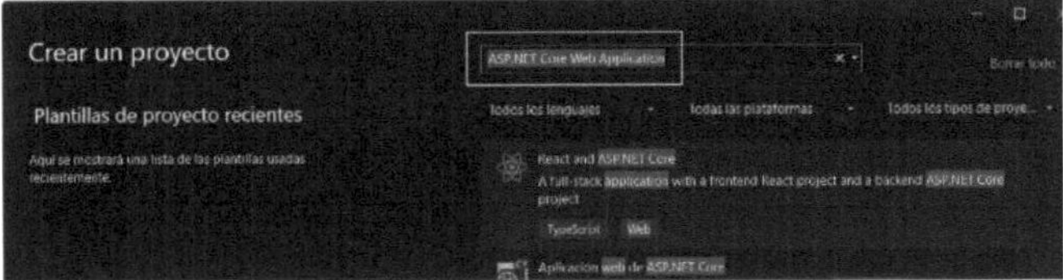

3. Selecciona **"Aplicación Web ASP.NET Core (Modelo-Vista-Controlador)"** de la lista de plantillas filtradas y haz clic en **"Siguiente"**.

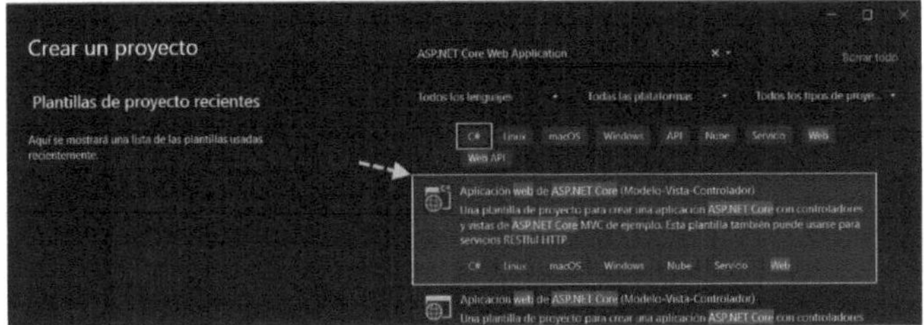

5. Configurar el Proyecto

a) En la ventana de configuración del proyecto, proporciona un nombre para tu proyecto en el campo **"Nombre del proyecto"**. Este nombre debe ser descriptivo y relevante para la aplicación que estás desarrollando.

b) Especifica la ubicación en tu sistema donde deseas guardar el proyecto en el campo **"Ubicación"**.

c) Proporciona un nombre para la solución en el campo **"Nombre de la solución"**. Una solución puede contener uno o más proyectos.

d) Haz clic en **"Crear"**.

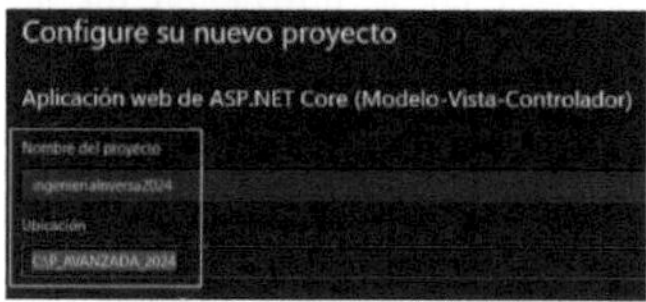

6. Seleccionar la Plantilla de Aplicación Web

c) En la siguiente ventana, selecciona **".NET 6.0 (LTS)"** o la versión de **.NET Core** que prefieras en la lista desplegable de versiones del framework.

d) Haz clic en **"Crear"**.

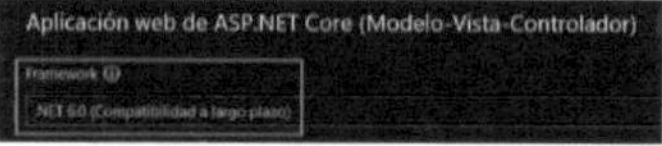

Antes de comenzar, asegúrate de tener una base de datos existente con la que trabajar. En este ejemplo, utilizaremos una base de datos **SQL Server** la cual esta guardada como respaldo

Instalar Paquetes Necesarios

Para utilizar el **scaffolding** y la **ingeniería inversa,** necesitarás instalar los siguientes paquetes NuGet:

- **Microsoft.EntityFrameworkCore.SqlServer**
- **Microsoft.EntityFrameworkCore.Tools**
- **Microsoft.EntityFrameworkCore**

Para instalar estos paquetes por medio de la Consola del Administrador de Paquetes:

1. Abre la **Consola del Administrador de Paquetes** desde:
   Herramientas > Administrador de paquetes NuGet > Consola del Administrador de Paquetes.

2. Ejecuta los siguientes comandos:

```
Install-Package Microsoft.EntityFrameworkCore.SqlServer
Install-Package Microsoft.EntityFrameworkCore.Tools
```

Realizar Ingeniería Inversa

Para generar el modelo y el contexto de datos a partir de la base de datos existente, utiliza el siguiente comando en la **Consola del Administrador de Paquetes**:

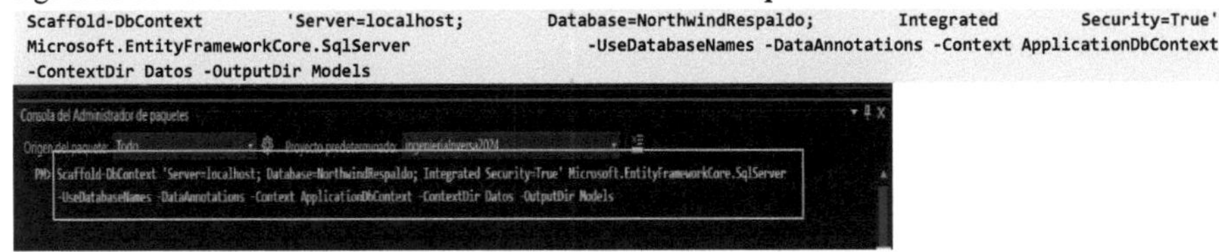

COMANDO/OPCIÓN	DESCRIPCIÓN
Scaffold-DbContext	Comando principal de Entity Framework Core utilizado para generar clases de contexto y entidades a partir de una base de datos existente. **"Scaffolding"** significa crear automáticamente la estructura del código necesaria basada en el esquema de la base de datos.
'Server=localhost; Database=dbEFC; Integrated Security=True'	**Cadena de conexión** a la base de datos que detalla cómo conectarse a una base de datos específica.
Server=localhost	Indica que el servidor de la base de datos está alojado localmente en la máquina donde se ejecuta el comando.
Database= nombre-bd	Especifica el nombre de la base de datos
Integrated_Security=True	Utiliza la autenticación integrada de Windows para conectarse a la base de datos, en lugar de un nombre de usuario y contraseña específicos.
Microsoft.EntityFrameworkCore.SqlServer	Proveedor de base de datos utilizado, en este caso, **SQL Server. Entity Framework Core** admite varios proveedores de bases de datos y este comando especifica cuál usar.
UseDatabaseNames	Opción que indica que los **nombres** de las **tablas** y **columnas** en las clases generadas deben coincidir con los nombres originales en la base de datos, preservando mayúsculas y minúsculas.
DataAnnotations	Indica que se deben utilizar anotaciones de datos (data annotations) en las clases generadas para configurar las restricciones y relaciones en la base de datos. Esto se realiza a través de **atributos** en las clases y **propiedades**, en lugar de utilizar el enfoque de la **API** fluida (Fluent API).
Context ApplicationDbContext	Especifica el nombre de la clase de contexto que se va a generar. En este caso, se llamará **ApplicationDbContext**. La clase de contexto administra las entidades y las relaciones con la base de datos. Es el puente entre tu aplicación y la base de datos.
ContextDir Datos	Indica el directorio donde se debe colocar la **clase de contexto** generada. En este caso, se colocará en una carpeta llamada Datos.

OutputDir Models	Especifica el directorio donde se deben colocar las clases de entidad generadas. En este caso, se colocarán en una carpeta llamada **Models**. Las clases de entidad representan las tablas de la base de datos en el código de la aplicación.

Archivo de Datos

- En donde podrás notar que se ha generado el archivo que especificamos como **"AplicationDbContext.cs"**

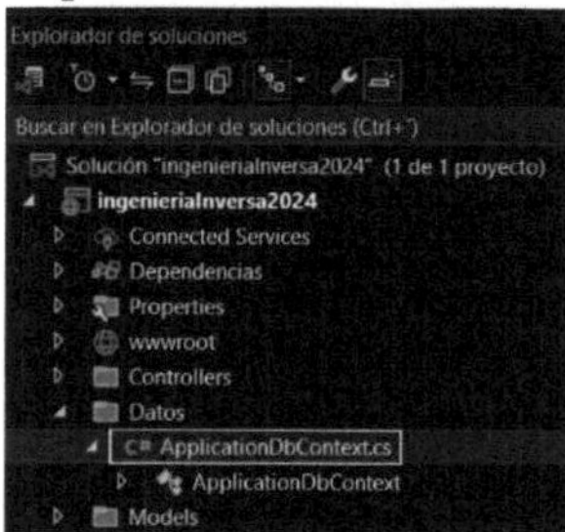

Archivos de Modelos

- Podrás notar que se han generado los **modelos**, de manera automatizada

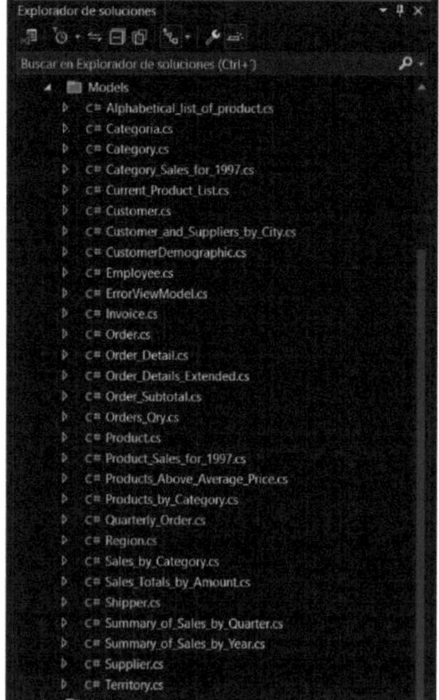

Estructura del Archivo `appsettings.json`

o Como siguiente paso, deberás dirigirte hacia el archivo que se indica como `**appsettings.json**`, en donde lo que haremos, será generar la cadena de conexión.

    o Un archivo `**appsettings.json**` típico puede tener una estructura como la siguiente:

```json
{
  "Logging": {
    "LogLevel": {
      "Default": "Information",
      "Microsoft.AspNetCore": "Warning"
    }
  },
  "AllowedHosts": "",
  "ConnectionStrings": {
    "conexionSQL": "Server=localhost; Database= dbEFC; TrustServerCertificate=True; Integrated Security=True;"
  }
}
```

Abrir el archivo Program.cs

- El archivo `**Program.cs**` es el punto de entrada de una aplicación **ASP.NET Core**. Aquí es donde se configura y se inicia la aplicación. Para comenzar, debemos abrir este archivo en nuestro proyecto.

Posicionarse en la Sección de Configuración del `builder`

- Dentro del archivo `**Program.cs**`, encontraremos la sección donde se crea y configura el objeto `**builder**`. Este objeto es esencial para la configuración de servicios y middleware de la aplicación.

Utilizar el Objeto `builder` para Configurar el Contexto de Base de Datos

Para configurar el contexto de base de datos, utilizaremos el objeto `**builder**` para acceder a la colección de **servicios** y añadir la configuración del contexto mediante `**AddDbContext**`.

1. Acceder a `Services` y `AddDbContext`:

    o Utilizaremos el operador punto para acceder a la propiedad `**Services**` del objeto `**builder**`, y nuevamente utilizaremos el operador punto para llamar al **método** `AddDbContext`.

        ■ Este método es utilizado para registrar el contexto de base de datos en el contenedor de dependencias.

```csharp
builder.Services.AddDbContext<ApplicationDbContext>(
```

2. Colocar Paréntesis y Aplicar Configuración:

    o Dentro de los paréntesis de `**AddDbContext**`, vamos a definir una configuración utilizando una expresión lambda. Esto nos permite configurar cómo EF Core debe conectarse a la base de datos.

```csharp
builder.Services.AddDbContext<ApplicationDbContext>(options =>
```

3. Configurar el Proveedor de Base de Datos:

o   En la expresión lambda, utilizaremos el operador punto para llamar al método `UseSqlServer`, que configura EF Core para utilizar **SQL Server como proveedor de base de datos**.

   ▪   Este método toma como argumento una cadena de conexión, la cual obtendremos de la configuración de la aplicación.

```
builder.Services.AddDbContext<ApplicationDbContext>(options =>
                 options.UseSqlServer(
```

4. Obtener la Cadena de Conexión:

   o   Para obtener la cadena de conexión desde la configuración de la aplicación, utilizaremos el objeto `builder` para acceder a la configuración y obtener la cadena de conexión mediante el método `GetConnectionString`. Este método toma como argumento el nombre de la cadena de conexión definida en el archivo de configuración `appsettings.json`.

```
builder.Services.AddDbContext<ApplicationDbContext>(options =>
       options.UseSqlServer(
             builder.Configuration.GetConnectionString("nombre_conexion")
       )
);
```

Código Completo

- El código completo en el archivo `Program.cs` debería verse algo así:

```
using cursoEntityFrameworkCore2024.Datos;
using Microsoft.EntityFrameworkCore;
using Microsoft.Extensions.Configuration;

var builder = WebApplication.CreateBuilder(args);

//Configuramos la conexionSQL a SQLServer
builder.Services.AddDbContext<AplicationDbContext>(options =>
    options.UseSqlServer(builder.Configuration.GetConnectionString("conexionSQL")));
```

Creación de una Clase "Clientes_Regionales" en el Directorio "Models"

En el desarrollo de software, especialmente en aplicaciones basadas en **ASP.NET Core** utilizando **Entity Framework**, es común crear clases para representar entidades de datos. En este caso, nos enfocaremos en la creación de una clase llamada **"Categoría"** dentro del directorio **"Models"**.

Creación de la Clase " Clientes_Regionales"

1. Ubicación del Directorio **"Models"**:

   - En un proyecto **ASP.NET Core**, el directorio **"Models"** suele estar ubicado dentro de la estructura del proyecto, donde se organizan las clases que representan modelos de datos.

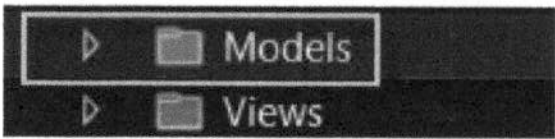

2. **Creación de la Clase:**
   o Navega hacia el directorio **"Models"** dentro de tu proyecto y **genera** la clase, la cual identificaremos como **"Clientes_Regionales.cs"**

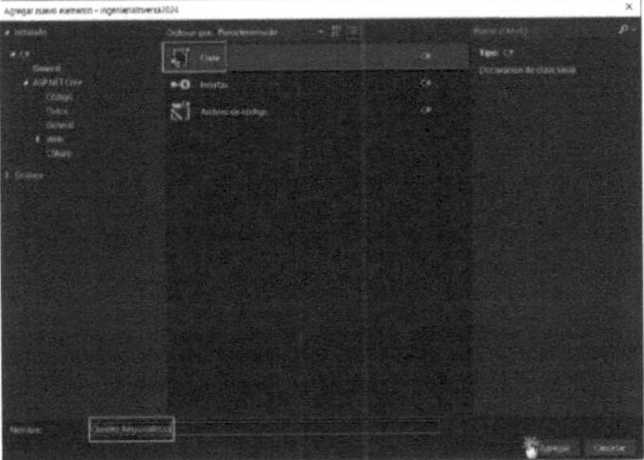

3. Definición de la Clase "**Clientes_Regionales**":
   o Esta clase representa la estructura para los clientes regionales.

```csharp
public class Clientes_Regionales
{
    // Propiedad para el Id del cliente
    public int Id { get; set; }
    // Propiedad para el nombre del cliente
    public string Nombre { get; set; }
    // Propiedad para el apellido del cliente
    public string Apellido { get; set; }
    // Propiedad para el correo electrónico del cliente
    public string CorreoElectronico { get; set; }
    // Propiedad para el teléfono del cliente
    public string Telefono { get; set; }
}
```

Configuración en "AplicationDbContext"

Después de definir la clase **"Clientes_Regionales"**, es crucial configurarla en el contexto de la aplicación para que **Entity Framework** pueda gestionarla como una tabla en la base de datos.

1. Archivo **"ApplicationDbContext"**:
   - En la estructura de un proyecto **ASP.NET Core**, `ApplicationDbContext` es la clase que actúa como el contexto de la base de datos, donde se especifican los conjuntos de entidades.
2. Agregar **DbSet** para **"Categoría"**:
   - dentro de la clase `ApplicationDbContext`, estamos agregando un **DbSet** llamado ` Clientes_Regionales`. Esto permite a **Entity Framework** interactuar con la tabla de base de datos asociada a la clase ` Clientes_Regionales`.

```csharp
// Indicamos los modelos (DbSets)
public DbSet<Clientes_Regionales> Clientes_Regional { get; set; }
```

Migración de Clase de Modelo en Desarrollo de Software

Creación de la Migración
Una vez instalado el paquete necesario, procedemos a crear la migración para reflejar los cambios en nuestro modelo de datos:
1. Abrir la Consola del Administrador de Paquetes:
   - Vamos a:
   `Tools > NuGet Package Manager > Package Manager Console`.
2. Ejecutar el Comando `addmigration`:
   - **Por ejemplo: `add-migration migracionTablaCtesRegion `.**
     o Si todo está configurado correctamente, la consola debería mostrar que la migración se ha aplicado sin errores.
3. Ejecutar el Comando `update-database`:

Podemos verificar esto utilizando una herramienta de administración de bases de datos, como **SQL Server Management Studio (SSMS)**, para inspeccionar el esquema de la base de datos.

Deberíamos ver algo similar a lo siguiente:

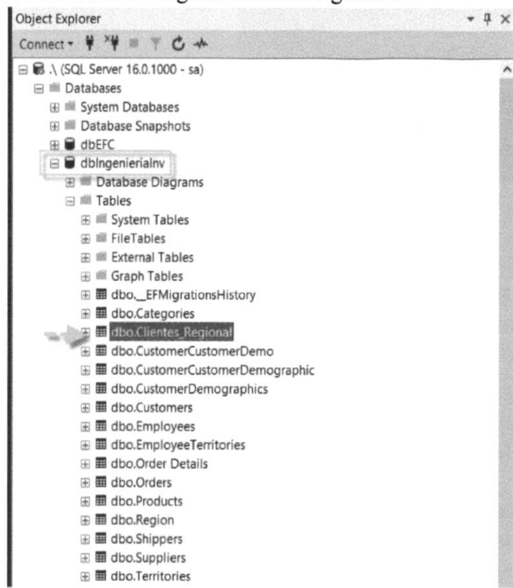

UTILIZAR EL MISMO NOMBRE DE LA BASE DE DATOS

Estructura del Archivo `appsettings.json`: Northwind

- Como siguiente paso, deberás dirigirte hacia el archivo que se indica como `appsettings.json` utiliza el formato JSON (**JavaScript Object Notation**)

```json
{
  "Logging": {
    "LogLevel": {
      "Default": "Information",
      "Microsoft.AspNetCore": "Warning"
    }
  },
  "AllowedHosts": "",
  "ConnectionStrings": {
    "conexionSQL": "Server=localhost; Database= NorthwindRespaldo; TrustServerCertificate=True; Integrated Security=True;"
  }
}
```

Ejecutar el Comando `addmigration`:
- **Por ejemplo: `add-migration migracionTablaCtesRegion `.**
  - Si todo está configurado correctamente, la consola debería mostrar que la migración se ha aplicado sin errores.

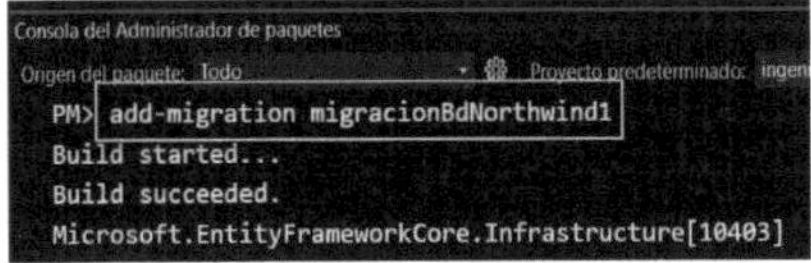

El Comando Update database: Northwind

Para ejecutar este comando, utilizamos nuevamente la consola de administración de paquetes:

```
update-database
```

Una vez que ejecutamos el comando, podremos observar que nos retorna un error, el cual indica que una de las tablas se encuentra duplicada en la base de datos

```
connectionString, String contextType)
    at Microsoft.EntityFrameworkCore.Design.OperationExecutor.UpdateDatabase.<>c__DisplayClass0_0.<.ctor>b__0()
    at Microsoft.EntityFrameworkCore.Design.OperationExecutor.OperationBase.Execute(Action action)
ClientConnectionId:171458e9-9570-4545-b573-d6f1fe42b6e3
Error Number:2714, State:6, Class:16
There is already an object named 'Categories' in the database.

PM>
```

Scripts de Migración Idempotentes en el Contexto de Entity Framework Core

Cuando trabajamos con bases de datos en aplicaciones desarrolladas en **.NET**, a menudo necesitamos realizar cambios en la estructura de la base de datos. **Entity Framework Core**. Uno de los aspectos clave en la gestión de cambios de la base de datos es el uso de scripts de migración **idempotentes**.

En esta sección del curso, explicaremos el siguiente comando:

```
`script-migration -idempotent -context ApplicationDbContext`
```

¿Qué es una Migración en EF Core?

- Una migración en EF Core es una serie de cambios incrementales aplicados a la base de datos para mantenerla sincronizada con el modelo de datos definido en el código de la aplicación. Las migraciones se crean a partir de cambios en las clases del modelo y se aplican a la base de datos para reflejar estos cambios sin perder datos.

Script de Migración

- Un script de migración es un archivo SQL generado por EF Core que contiene las instrucciones necesarias para actualizar la base de datos desde un estado actual a un nuevo estado definido por una migración. Este script puede incluir operaciones como la creación de tablas, la modificación de columnas o la eliminación de objetos de la base de datos.

Idempotencia en Scripts de Migración

- El término **"idempotent"** se refiere a una **operación** que puede **ejecutarse múltiples veces** sin cambiar el resultado después de la primera ejecución.
- En el contexto de scripts de migración, **un script idempotente** es aquel que puede ejecutarse varias veces sin causar errores o duplicar cambios.
- Esto es crucial en entornos de despliegue continuo donde el mismo script puede necesitar aplicarse a diferentes entornos (**desarrollo, pruebas, producción**) en distintos momentos.

El Comando `script-migration -idempotent`

- El comando `script-migration -idempotent` se utiliza para **generar un script de migración** que sea idempotente.

La sintaxis básica del comando es:

Parámetro	Descripción
script-migration	Este es el comando que indica a EF Core que debe generar un script de migración.

-idempotent	Esta opción le dice a EF Core que el script generado debe ser **idempotente**. Esto significa que el script incluirá comprobaciones condicionales para asegurarse de que cada operación se ejecute solo si es necesario.
-context ApplicationDbContext	Este parámetro especifica el contexto de la base de datos para el cual se generará el script. El contexto de la base de datos es una clase que hereda de **DbContext** y define las entidades y la configuración de la base de datos.

¿Cómo Funciona el Script Idempotente?
- Un script de migración idempotente incluye **instrucciones SQL condicionales** que verifican si una operación ya se ha realizado antes de ejecutarla.
- **Por ejemplo**, antes de crear una tabla, el script verificará si la tabla ya existe.
- **Si la tabla no existe,** el script procederá a crearla; **si ya existe**, la operación se omitirá.

Ejemplo simplificado de cómo podría verse una parte de un script **idempotente**:
- En este ejemplo, la tabla `MyTable` se creará solo si no existe previamente en la base de datos.

```
IF NOT EXISTS (SELECT  FROM sys.tables WHERE name = 'MyTable')
BEGIN
    CREATE TABLE MyTable (
        Id INT PRIMARY KEY,
        Name NVARCHAR(100)
    );
END
```

Ventajas de los Scripts Idempotentes
a) **Despliegues Seguros:**
   - Los scripts **idempotentes** garantizan que las migraciones pueden aplicarse de manera segura en cualquier entorno, evitando errores por duplicación de cambios.
b) **Flexibilidad:**
   - Permiten aplicar el mismo script en múltiples entornos sin necesidad de modificaciones, lo cual es útil en escenarios de despliegue continuo.
c) **Mantenimiento Simplificado:**
   - Facilitan el mantenimiento de la base de datos al asegurar que los cambios se apliquen de manera consistente en todos los entornos.

El comando `script-migration -idempotent -context ApplicationDbContext` es una herramienta poderosa en EF Core para generar scripts de migración que pueden aplicarse de manera segura y repetida en distintos entornos. Al comprender y utilizar scripts idempotentes, los desarrolladores pueden asegurar que sus bases de datos evolucionen de manera coherente y sin errores a través de todo el ciclo de vida del desarrollo y despliegue de software.

Copiaremos el script que se ha generado

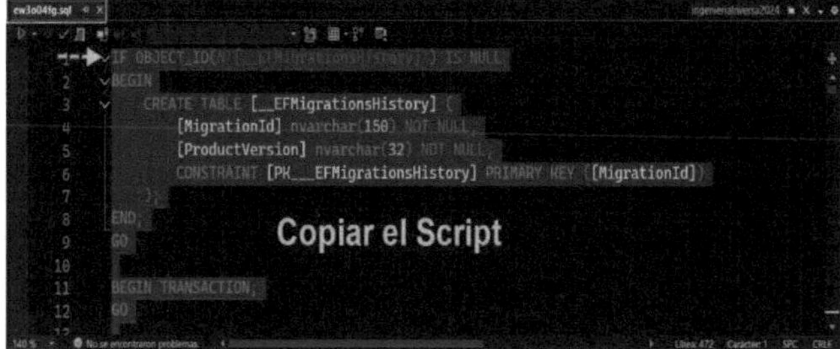

Nos dirigiremos hacia el Administrador de la Base de datos, en donde colocaremos el script el cual **ejecutaremos**

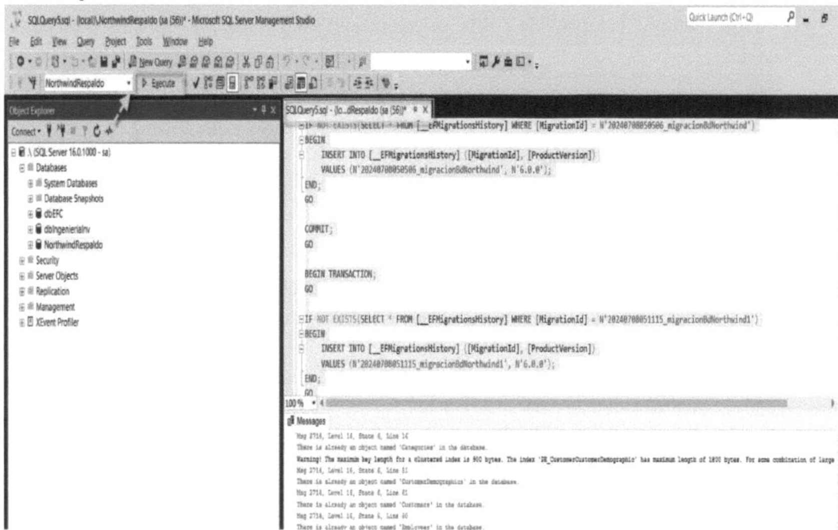

Ejecutamos el comando Update

Ejecutar este comando, utilizamos nuevamente la consola de administración de paquetes:

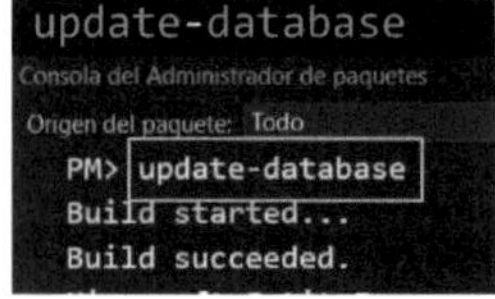

Nos dirigiremos hacia el administrador de la base de datos, para comprobar el cambio

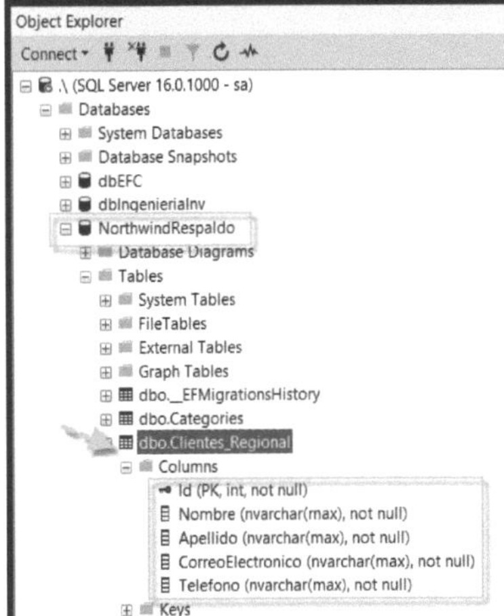

Modificar la Clase: Clientes_Regionales

- Nos dirigiremos hacia la clase que se identifica como **"Clientes_Regionales"** y modificaremos las propiedades que hacen referencia a los **apellidos**

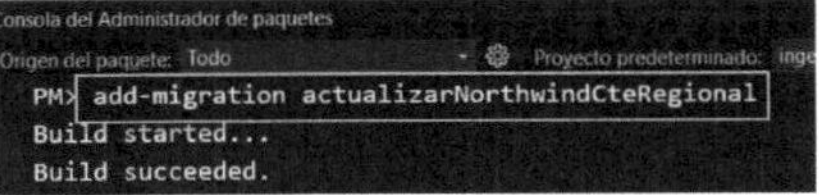

- Nos dirigiremos hacia la **Consola del Administrador de Paquetes** y ejecutamos el comando, con el cual generamos la migración.

- A continuación ejecutamos el comando, que nos permite la actualización, en donde podrás notar que ya no genero ningún tipo de observación

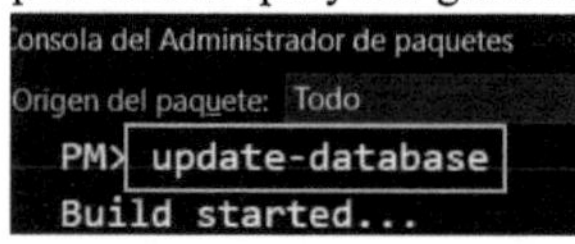

Nos dirigiremos hacia el administrador de la base de datos, en donde podremos observar que se aplicaron los cambios a la tabla de manera correcta

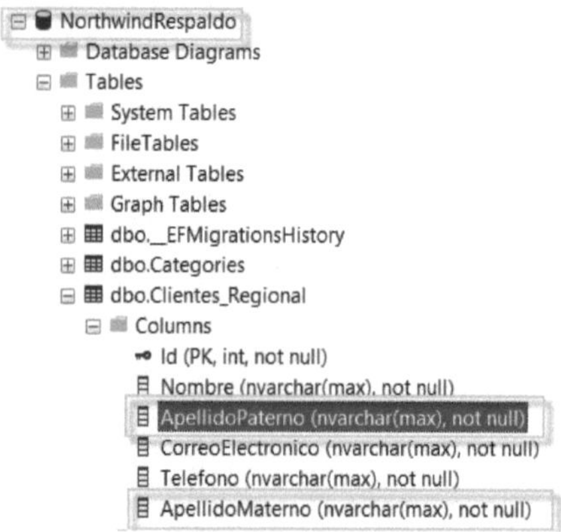

ATRIBUTOS Y ANOTACIONES DE DATOS

Crear un Nuevo Proyecto
1. En la pantalla de inicio de **Visual Studio 2022**, haz clic en **"Crear un nuevo proyecto"**.
2. Se abrirá una ventana de diálogo con una lista de plantillas de proyectos disponibles. En la barra de búsqueda de la parte superior, escribe **"ASP.NET Core Web Application"** para filtrar las plantillas.
3. Selecciona **"Aplicación Web ASP.NET Core"** (ASP.NET Core Web Application) de la lista de plantillas filtradas y haz clic en **"Siguiente"**.
4. **Configurar el Proyecto**
   a) En la ventana de configuración del proyecto, proporciona un nombre para tu proyecto en el campo **"Nombre del proyecto"**. Este nombre debe ser descriptivo y relevante para la aplicación que estás desarrollando.
   b) Especifica la ubicación en tu sistema donde deseas guardar el proyecto en el campo **"Ubicación"**.
   c) Proporciona un nombre para la solución en el campo **"Nombre de la solución"**.
   d) Haz clic en **"Crear"**.

5. Seleccionar la Plantilla de Aplicación Web

- En la siguiente ventana, selecciona **".NET 6.0 (LTS)"** o la versión de **.NET Core** que prefieras en la lista desplegable de versiones del framework.
- Haz clic en **"Crear"**.

Configuración Inicial

- Antes de comenzar, asegúrate de tener una base de datos existente con la que trabajar. En este ejemplo, utilizaremos una base de datos SQL Server la cual esta guardada como respaldo
  - **Instalar Paquetes Necesarios**
    - Microsoft.EntityFrameworkCore
    - Microsoft.EntityFrameworkCore.Tools
    - Microsoft.EntityFrameworkCore.SqlServer

Estructura del Archivo `appsettings.json`

- El archivo `**appsettings.json**` puede tener una estructura como la siguiente:

```json
{
  "Logging": {
    "LogLevel": {
      "Default": "Information",
      "Microsoft.AspNetCore": "Warning"
    }
  },
  "AllowedHosts": "",
  "ConnectionStrings": {
    "conexionSQL": "Server=localhost; TrustServerCertificate=True Database=dbEFC; Integrated Security=True;"
  }
}
```

Configuración del contexto de la base de datos

Heredar de `DbContext`:

- Nuestra clase `**ApplicationDbContext**` debe heredar de la clase `**DbContext**`, que es proporcionada por **Entity Framework Core**. Para ello, es crucial importar el espacio de nombres `**Microsoft.EntityFrameworkCore**`.

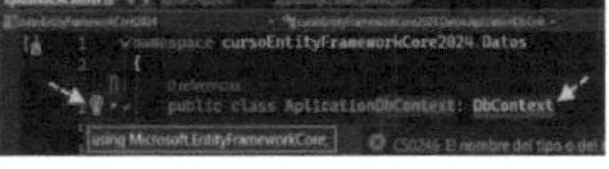

Creación del Constructor

- El constructor de `**Contexto**` necesita aceptar una instancia de `**DbContextOptions**`. Este objeto contiene la configuración necesaria para conectarse a la base de datos. En el constructor, pasamos esta instancia a la **clase base `Contexto`**.
- `**DbContextOptions<Contexto>**`:
  - Especifica las opciones de configuración para `**ApplicationDbContext**`.
  - El constructor quedará configurado, como se muestra en la siguiente imagen.

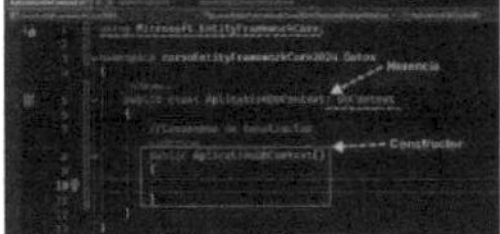

- `base (opciones) `: Llama al constructor de la clase base `DbContext` pasando las opciones de configuración.

```csharp
using Microsoft.EntityFrameworkCore;

namespace dataAnotation.Datos
{
    public class Contexto: DbContext
    {
        //Creamos un constructor
        public Contexto(DbContextOptions<Contexto> options) : base(options) { }
    }
}
```

- Nos dirigiremos hacia el archivo el cual se indica como `Program.cs` debería verse algo así:

```csharp
using cursoEntityFrameworkCore2024.Datos;
using Microsoft.EntityFrameworkCore;
using Microsoft.Extensions.Configuration;

var builder = WebApplication.CreateBuilder(args);

//Configuramos la conexion a SQLServer
builder.Services.AddDbContext<Contexto>(options =>
    ptions.UseSqlServer(builder.Configuration.GetConnectionString("conexionSQL")));
```

Creación de una Clase con Propiedades y Anotaciones de Datos

En el desarrollo de software, especialmente cuando se trabaja con aplicaciones que requieren la validación de datos y la interacción con bases de datos, es común utilizar anotaciones de datos **(Data Annotations).** Estas anotaciones permiten agregar metadatos a las propiedades de las clases, facilitando la validación, la configuración y otras tareas relacionadas.

Definir la Clase
- Para comenzar, definimos una clase llamada `Producto`.
- Esta clase representará un **producto** en un sistema de inventario, **por ejemplo**. En esta clase, incluiremos cinco propiedades:

Campo	Descripción
ID	Identificador único del producto.
Nombre	Nombre del producto.
Descripción	Descripción del producto.
Precio	Precio del producto.
FechaDeCreacion	Fecha de creación del producto.

Creación de la Clase Producto
- Crearemos una clase `Producto.cs` con cinco propiedades, aplicando diversas anotaciones de datos para ilustrar su uso.
- Este enfoque no solo mejora la calidad del código, sino que también simplifica la gestión y validación de datos en las aplicaciones.

Incluir los Espacios de Nombres Necesarios

Antes de definir la clase, es esencial incluir los espacios de nombres (**namespaces**) necesarios para utilizar las anotaciones de datos. En este caso, utilizaremos `System.ComponentModel.DataAnnotations`.

Definir las Propiedades con Anotaciones de Datos

- A continuación, definimos la clase `**Producto**` y sus propiedades, aplicando las anotaciones de datos correspondientes:

```
namespace WebApplicationDataAnotation.Models
{
    public class Productos
    {
        public int Id { get; set; }
        public string Nombre { get; set; }
        public string Descripcion { get; set; }
        public double Precio { get; set; }
        public DateTime Fecha { get; set; }
    }
}
```

El uso de DbSet<T>
- **DbSet<T>** es una clase genérica que representa una colección de todas las entidades en el contexto, o que se pueden consultar desde la base de datos, de un tipo específico. En otras palabras, **DbSet<T>** actúa como un repositorio para acceder a los datos.

Operaciones con DbSet<T>
- **Con DbSet<T>,** podemos realizar varias operaciones sobre la base de datos, como **agregar**, **actualizar**, **eliminar** y **consultar** entidades.

```
using Microsoft.EntityFrameworkCore;
using WebApplicationDataAnotation.Models;

namespace WebApplicationDataAnotation.Datos
{
    public class ApplicationDbContext:DbContext
    {
        public ApplicationDbContext(DbContextOptions<ApplicationDbContext> options):base(options) { }

        public DbSet<Productos> Productos { get; set; }
    }
}
```

- Desde la consola del administrador de paquetes generamos la migración y la actualización de la base de datos

```
Consola del Administrador de paquetes
Origen del paquete: Todo                    Proyecto predeterminado:
    PM> add-migration m4
    Build started...
    Build succeeded.
    To undo this action, use Remove-Migration.
    PM> update-database
    Build started...
    Build succeeded.
```

- Podremos observar que se crea la tabla en la base de datos que establecimos

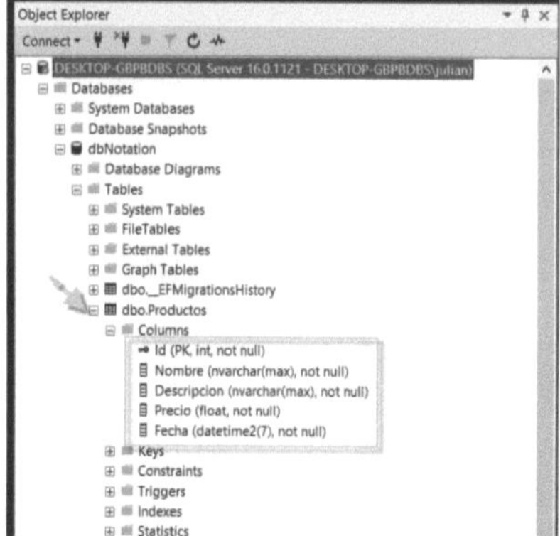

Utilización de los Data Anotation en la clase que se identifica como **"Productos.cs"**

```csharp
using System.ComponentModel.DataAnnotations;

namespace WebApplicationDataAnotation.Models
{
    public class Productos
    {
        [Key]
        public int IdProveedor { get; set; }
        [Required(ErrorMessage ="El nombre del proveedor es requerido")]
        [StringLength (100, ErrorMessage ="El nombre no debe exceder los 100 caracteres!")]
        public string Nombre { get; set; }
        [StringLength (200, ErrorMessage ="La descripción no debe exceder los 200 caracteres!")]
        public string Descripcion { get; set; }
        [Range(0,100, ErrorMessage ="El rango es entre 0 y 100")]
        public double Precio { get; set; }
        [DataType(DataType.Date)]
        [Display(Name ="Fecha de Alta del Proveedor")]
        public DateTime Fecha { get; set; }
    }
}
```

Anotación	Descripción
[Key]	<ul><li>Indica que la propiedad ID es la **clave primaria** de la entidad.</li><li>Esta anotación se utiliza en el contexto de Entity Framework para identificar la clave principal de la tabla en la base de datos.</li></ul>
[Required]	<ul><li>Especifica que la propiedad Nombre es obligatoria.</li><li>Si se intenta guardar un objeto de Producto sin un valor para Nombre, se generará un error de validación.</li><li>El parámetro ErrorMessage permite personalizar el mensaje de error que se mostrará si esta regla se viola.</li></ul>
[StringLength]	<ul><li>Define la longitud máxima permitida para una cadena.</li><li>En el caso de Nombre, la longitud máxima es de 100 caracteres.</li><li>Para Descripción, la longitud máxima es de 500 caracteres.</li></ul>

	• Si se excede esta longitud, se generará un error de validación con el mensaje personalizado especificado en ErrorMessage.
[Range]	• Especifica el rango permitido para valores numéricos. • Para la propiedad Precio, el valor debe estar entre 0.01 y 10000.00. • Si el valor de Precio está fuera de este rango, se generará un error de validación con el mensaje personalizado especificado.
[DataType]	• Indica el tipo de datos de la propiedad. • En este caso, FechaDeCreacion se especifica como una fecha (DataType.Date). • Esto no solo ayuda en la validación, sino que también puede influir en la forma en que se muestra el dato en las vistas.
[Display]	• Permite personalizar el nombre que se mostrará para la propiedad en las vistas. • En este caso, FechaDeCreacion se mostrará como "Fecha de Creación".

Las anotaciones de datos son una herramienta poderosa en **C#** para agregar metadatos a las propiedades de las clases. Facilitan la validación y la configuración de las propiedades, asegurando que los datos cumplan con ciertas reglas antes de ser procesados o almacenados en una base de datos.

- Nos dirigiremos hacia la Consola del Administrador de Paquetes y ejecutamos el comando, el cual nos permitirá la creación de la **migración**.
- A continuación ejecutamos el comando, que nos permite la **actualización**, en donde podrás notar que ya no genero ningún tipo de observación
- Nos dirigiremos hacia el administrador de la base de datos, en donde podremos observar que se aplicaron los cambios a la tabla de manera correcta

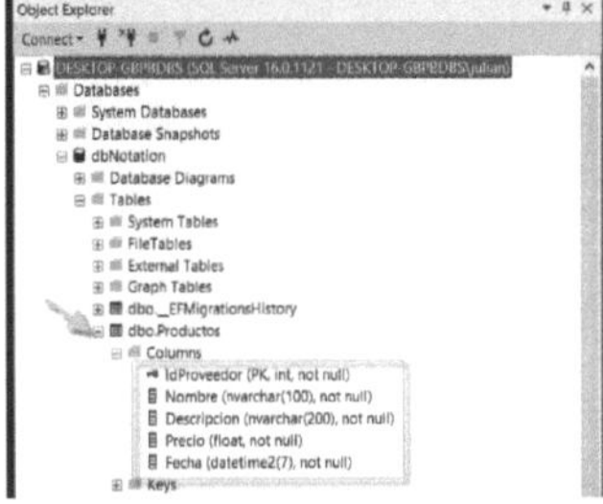

Modificación de la Clase Producto: Uso de Data Annotations para Personalizar Nombres y Propiedades de la Tabla

En el contexto del desarrollo de software, especialmente cuando trabajamos con tecnologías como **Entity Framework en .NET,** es frecuente que necesitemos **personalizar las clases** que representan nuestras entidades y cómo estas se mapean a las tablas de la base de datos. Una herramienta poderosa para este fin son las **Data Annotations**, que nos permiten especificar **metadatos** y reglas directamente en nuestro código. En este caso, nos enfocaremos en cómo modificar una clase `Producto` para cambiar el nombre de la tabla y las propiedades utilizando estas anotaciones.

CAMBIO DEL NOMBRE DE LA TABLA

Para cambiar el nombre de la tabla a la que se mapeará nuestra clase `Producto`, utilizamos la anotación ` [Table] `. Esta anotación se coloca directamente encima de la declaración de la clase.

- Supongamos que queremos cambiar el nombre de la tabla a `Productos_Regionales`.
- La anotación se vería así: **[Table ("Productos_Regionales")]**

Cambio de Nombres de los Atributos de la Clase
- Para personalizar los nombres de las columnas en la base de datos, utilizamos la anotación ` [Column] `.
- Esta anotación se coloca encima de cada propiedad de la clase, especificando el nuevo nombre que queremos asignar a esa columna.

A continuación, se muestra cómo se puede modificar cada atributo de la clase `Producto`:

```csharp
using System.ComponentModel.DataAnnotations;
using System.ComponentModel.DataAnnotations.Schema;

namespace WebApplicationDataAnotation.Models
{
    [Table("Productos_Regionales")]
    public class Productos
    {
        [Key]
        [Column("Producto_Id")]
        public int IdProveedor { get; set; }

        [Column("Nombre_Proveedor")]
        [Required(ErrorMessage ="El nombre del proveedor es requerido")]
        [StringLength(100, ErrorMessage ="El nombre no debe exceder los 100 caracteres!")]
        public string Nombre { get; set; }

        [Column("Descripcion_Productos")]
        [StringLength(200, ErrorMessage ="La descripción no debe exceder los 200 caracteres!")]
        public string Descripcion { get; set; }
        [Range(0,100, ErrorMessage ="El rango es entre 0 y 100")]

        [Column("Precio_Producto")]
        public double Precio { get; set; }
        [DataType(DataType.Date)]
        [Display(Name ="Fecha de Alta del Proveedor")]
        public DateTime Fecha { get; set; }
    }
}
```

Anotación	Descripción
[Table("Productos_Regionales")]	Esta anotación indica que la clase Producto se mapeará a una tabla en la base de datos llamada **Productos_Regionales**. Sin esta anotación, el nombre de la tabla sería **Producto** por defecto.
Propiedad Id con [Column("ProductoId")]	Cambiamos el nombre de la columna que almacenará el identificador del producto de **Id** a **ProductoId**. Esto puede ser útil para mantener consistencia con las convenciones de nombres existentes en la base de datos o para mayor claridad.
Propiedad Nombre con [Column("NombreProducto")]	Aquí, la propiedad Nombre se mapea a una columna llamada **NombreProducto**. Esta personalización puede ayudar a distinguir claramente esta columna en la base de datos como la que almacena el nombre del producto.

Propiedad Descripcion con [Column("DescripcionProducto")]	Similarmente, la propiedad **Descripcion** se mapea a una columna **DescripcionProducto**. Esto es útil para que el nombre de la columna refleje claramente que contiene descripciones de productos.
Propiedad Precio con [Column("PrecioProducto")]	La propiedad **Precio** se mapea a **PrecioProducto**, lo que ayuda a indicar de manera explícita que esta columna contiene los precios de los productos.
Propiedad FechaRegistro con [Column("FechaRegistroProducto")]	Finalmente, **FechaRegistro** se mapea a **FechaRegistroProducto**, especificando claramente que esta columna almacena la fecha en que el producto fue registrado.

VENTAJAS DEL USO DE DATA ANNOTATIONS

Claridad y Mantenimiento:
- Las Data Annotations hacen que el código sea más claro y auto-documentado.
- Es fácil para otros desarrolladores entender cómo se mapearán las propiedades de la clase a las columnas de la base de datos.

Consistencia:
- Permiten mantener una consistencia en los nombres de las columnas de la base de datos, especialmente en bases de datos heredadas o cuando se sigue una convención de nombres específica.

Control:
- Ofrecen un control preciso sobre el esquema de la base de datos desde el propio código, sin necesidad de modificar directamente los scripts de la base de datos.

Nos dirigiremos hacia la Consola del Administrador de Paquetes y ejecutamos el comando:
- **add-migration mModificarTablaProductos**

A continuación ejecutamos el comando, que nos permite la actualización: **update-database**

Nos dirigiremos hacia el administrador de la base de datos, en donde podremos observar que se aplicaron los cambios a la tabla de manera correcta

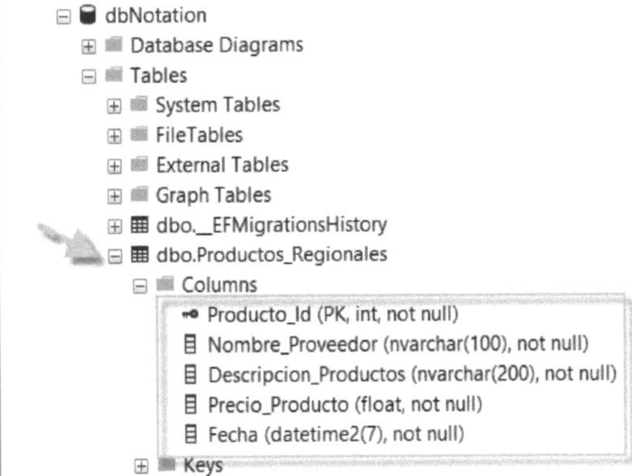

ESTABLECER DATA ANNOTATIONS

Las Data Annotations son un conjunto de atributos en el **FrameWork .NET** que permiten configurar y validar las propiedades de las clases de datos. Estos atributos se utilizan en aplicaciones **ASP.NET** y **Entity Framework** para definir reglas de negocio, restricciones y comportamientos de las propiedades de una clase. En esta sección del curso, abordaremos cómo aplicar **Data Annotations** a una clase llamada `Proveedores` en C#. Exploraremos diferentes tipos de anotaciones para definir una llave primaria, establecer longitudes máximas, evitar mapeos, personalizar nombres de visualización y definir rangos.

Crear Clase: Proveedores

```csharp
public class Proveedores

{
    // Propiedad para el ID del proveedor
    public int ProveedorID { get; set; }
    // Propiedad para el nombre del proveedor
    public string Nombre { get; set; }
    // Propiedad para la dirección del proveedor
    public string Direccion { get; set; }
    // Propiedad para el número de teléfono del proveedor
    public string Telefono { get; set; }
    // Propiedad para el correo electrónico del proveedor
    public string CorreoElectronico { get; set; }

}
```

PUNTO	EXPLICACIÓN
Declaración de la clase	• **Public class Proveedores {...}:** Define una clase llamada **Proveedores**. • La palabra clave public indica que la clase es accesible desde cualquier otro contexto en el código.
ProveedorID	• Es una propiedad pública de tipo **int**. Representa el identificador único del proveedor en la base de datos u otro sistema de almacenamiento.
Nombre	• Es una propiedad pública de tipo **string**. • Almacena el nombre del proveedor.
Direccion	• Es una propiedad pública de tipo **string**. • Guarda la dirección física del proveedor.
Telefono	• Es una propiedad pública de tipo **string**. • Contiene el número de teléfono del proveedor.
CorreoElectronico	• Es una propiedad pública de tipo **string**. • Almacena la dirección de correo electrónico del proveedor.
Propiedades auto-implementadas	• Cada una de las propiedades (ProveedorID, Nombre, Direccion, Telefono, CorreoElectronico) utiliza una sintaxis simplificada conocida como **"propiedades auto-implementadas"**. • Esto significa que el compilador genera automáticamente el **almacenamiento privado** para el respaldo de cada propiedad.

Data Annotations a Clase: **Proveedor.cs**

Data Anotation Llave Primaria: [Key]

```csharp
// Propiedad para el ID del proveedor
[Key]

public int ProveedorID { get; set; }
```

PUNTO	EXPLICACIÓN
Para definir la propiedad **ProveedorID** como la llave primaria de la tabla, utilizamos la anotación **[Key]**.	• Indica que **ProveedorID** es la clave primaria en la clase de entidad, mapeándola como tal en la base de datos.
La anotación **[Key]** se coloca sobre la propiedad en la clase de entidad que representa la llave primaria.	• Entity Framework usará esta propiedad como clave primaria en la tabla de base de datos correspondiente.

Data Anotation Longitud Maxima: [MaxLength]

```csharp
// Propiedad para el nombre del proveedor
[MaxLength(50)]
public string Nombre { get; set; }

// Propiedad para la dirección del proveedor
[MaxLength (100)]
public string Direccion { get; set; }
```

PUNTO	EXPLICACIÓN
Para limitar la longitud de las cadenas en las propiedades **Nombre** y **Direccion**, utilizamos la anotación **[MaxLength]**.	• Esta anotación se utiliza en **C#** para especificar la longitud máxima permitida de cadenas en propiedades específicas de una clase.
	• La anotació **[MaxLength]** proviene del espacio de nombres **System.ComponentModel.DataAnnotations** en **C#**, permitiendo establecer restricciones sobre la longitud de cadenas.

Data Anotation No Mapeado: [NotMapped]

```csharp
// Telefono personal del proveedor
[NotMapped]

public string TelefonoPersonal { get; set; }
```

PUNTO	EXPLICACIÓN
Contexto **ORM** y Mapeo Objeto-Relacional	• En aplicaciones que utilizan bases de datos relacionales, es común utilizar un **ORM** para mapear objetos de clases en el código a tablas en la base de datos y viceversa. • Esto facilita la persistencia de datos y simplifica las operaciones **CRUD** (Crear, Leer, Actualizar, Eliminar).
Uso de **[NotMapped]**	• Cuando definimos una clase que representa una tabla en la base de datos mediante un **ORM**, a veces hay propiedades en la clase que no deben ser almacenadas en la base de datos, ya sea porque son propiedades calculadas, temporales o simplemente no se relacionan directamente con ninguna columna de la tabla correspondiente.

Función de [NotMapped]	• La anotación **[NotMapped]** se coloca sobre una propiedad en la definición de una clase para indicar al **ORM** que esa propiedad no debe ser mapeada a una columna específica en la base de datos.
	• Esto significa que el **ORM** ignorará esa propiedad al crear o actualizar el esquema de la base de datos y al realizar operaciones de persistencia.

Data Anotation Nombre a Mostrar: [Display]

```
[Display(Name="Nombre del Proveedor")]
public string Nombre { get; set; }

// Propiedad para la dirección del proveedor
[Display(Name ="Dirección del Proveedor")]
public string Direccion { get; set; }

// Propiedad para el número de teléfono del proveedor
[Display(Name ="Telefono Comercial del Proveedor")]
public string Telefono { get; set; }
```

PUNTO	EXPLICACIÓN
[Display]	• Esta anotación pertenece al espacio de nombres **System.ComponentModel.DataAnnotations.**
	• Se utiliza para controlar cómo se muestran las propiedades de una clase en la **interfaz de usuario**.
Name = "Nombre del Proveedor"	• Este es un parámetro de la anotación **Display**.
	• Aquí es donde especificas el nombre que deseas que se muestre para la propiedad **Nombre** en la interfaz de usuario.
	• En este caso, se mostrará **"Nombre del Proveedor"** en lugar de **"Nombre"**.

Data Anotation Rango: [Range]

```
// Propiedad para calificar el ranking del proveedor
[Range (0, 1000, ErrorMessage = "El precio debe estar entre 0 y 1000.")]
public double RankingProveedor { get; set; }
```

PUNTO	EXPLICACIÓN
Precio con la Anotación [Range]	La propiedad Precio está decorada con **[Range (0, 1000, ErrorMessage = "El precio debe estar entre 0 y 1000.")]**.
	• 0 es el valor **mínimo** permitido para el precio.
	• 1000 es el valor máximo permitido para el precio.
	• **ErrorMessage** es un mensaje personalizado que se muestra si el valor del precio no está dentro del rango especificado.
Funcionamiento de [Range]	• Cuando se aplica **[Range (minimum, maximum)]** a una propiedad numérica (en este caso, decimal Precio), el sistema de validación de **.NET** verifica automáticamente que el valor de Precio esté dentro del rango especificado **(0 a 1000 en este ejemplo)**.
Personalización del Mensaje de Error	• Usando **ErrorMessage**, podemos proporcionar un mensaje de error personalizado que será mostrado si la validación falla.
	• Esto ayuda a los desarrolladores y usuarios finales a entender por qué la validación ha fallado y qué acción correctiva se necesita.

Data Anotation Campo Requerido: [Required]

```
[Required(ErrorMessage ="El nombre del Proveedor es requerido de manera obligatoria")]
public string Nombre { get; set; }


// Propiedad para la dirección del proveedor
[Required(ErrorMessage ="La dirección del Proveedor es requerida de manera obligatoria")]
public string Direccion { get; set; }


// Propiedad para el número de teléfono del proveedor
[Required(ErrorMessage ="El telefono comercial del proveedor es requerido de manera
obligatoria")]
public string Telefono { get; set; }
```

PUNTO	EXPLICACIÓN
[Required]	• Indica que el campo **Nombre** es obligatorio. Esto significa que al intentar enviar datos donde Nombre está vacío (null o cadena vacía), se generará un error de validación.
ErrorMessage	• Especifica el mensaje de error personalizado que se muestra si la validación falla debido a que el campo Nombre no tiene valor. • En este caso, el mensaje dice "**El nombre del Proveedor es requerido de manera obligatoria**".

Data Anotation Expresión Regular: [RegularExpression (@"^ [a-zA-Z0-9._%+-]+@[a-zA-Z0-9.-]+.[a-zA-Z]{2,}$"]

```
// Propiedad para el correo electrónico del proveedor
[RegularExpression(@"^[a-zA-Z0-9._%+-]+@[a-zA-Z0-9.-]+\.[a-zA-Z]{2,}$", ErrorMessage = "El formato
del correo electrónico no es válido.")]

public string CorreoElectronico { get; set; }
```

PUNTO	EXPLICACIÓN
Expresión Regular	^[a-zA-Z0-9._%+-]+@[a-zA-Z0-9.-]+.[a-zA-Z]{2,}$
	• **^:** Indica el inicio del string.
	• **[a-zA-Z0-9._%+-]+:** Nombre de usuario del correo electrónico. Puede contener letras, dígitos y los caracteres especiales. _, %, +, -.
	• @: Símbolo obligatorio que separa el nombre de usuario del dominio.
	• **[a-zA-Z0-9.-]+:** Dominio del correo electrónico. Puede contener letras, dígitos y los caracteres especiales. -.
	• . Punto literal que separa el dominio de la extensión.
	• **[a-zA-Z]{2,}:** Extensión del dominio, que consiste en letras y tiene al menos dos caracteres.
	• **$:** Indica el final del string.
ErrorMessage	• "El formato del correo electrónico no es válido."

Data Anotation Tipo de Dato: ([DataType (DataType. DateTime)])

```
// Propiedad Fecha del registro del proveedor
[DataType(DataType.DateTime)]

public DateTime FechaAltaProveedor { get; set; }
```

PUNTO	EXPLICACIÓN
DataType.DateTime es una constante predefinida que representa el tipo de datos de fecha y hora.	• **Validación:** Algunos Frameworks y herramientas de desarrollo pueden utilizar estas anotaciones para validar y formatear automáticamente los datos ingresados por el usuario, especialmente en aplicaciones web donde se pueden usar para generar formularios y realizar validaciones del lado del cliente o del servidor.
	• **Uso en Formularios y Validación:** En aplicaciones web ASP.NET MVC, **por ejemplo**, esta anotación se usa para especificar el tipo de campo en los formularios generados automáticamente a partir de modelos de datos **(Model)**. Esto permite que el Framework realice validaciones como asegurarse de que se ingrese una fecha y hora válida.

Data Anotation Correo electronico: [EmailAddress]

```
[EmailAddress (ErrorMessage = "El formato del correo electrónico no es válido.")]

public string CorreoElectronico { get; set; }
```

EXPLICACIÓN
• La anotación **[EmailAddress]** es una de las anotaciones predefinidas en .NET Framework (y .NET Core/.NET 5+) que se utiliza para validar que el valor de la propiedad sea una dirección de correo electrónico válida según ciertos estándares.
• Cuando se aplica **[EmailAddress]** a una propiedad de **tipo string**, como **CorreoElectronico**, el sistema valida automáticamente que el valor asignado a esta propiedad cumpla con las reglas básicas de formato de una dirección de correo electrónico.
• Parámetro **ErrorMessage**:   o ErrorMessage = "El formato del correo electrónico no es válido." es un parámetro opcional de la anotación [EmailAddress].
• Este parámetro permite especificar un mensaje de error personalizado que se mostrará si la validación falla. En este caso, si el valor asignado a CorreoElectronico no es una dirección de correo electrónico válida, se mostrará el mensaje "El formato del correo electrónico no es válido."

Data Anotation Longitud de Cadena: [StringLength ()]

```
[StringLength(100, ErrorMessage ="La Dirección no deberá superar los cien caracteres")]

public string Direccion { get; set; }
```

PUNTO	EXPLICACIÓN
StringLength	• Anotación de datos para especificar la longitud máxima de una cadena o matriz.
Primer parámetro	• Especifica la longitud máxima permitida para la cadena Direccion (en este caso, 100 caracteres).
Segundo parámetro opcional (ErrorMessage)	• Mensaje de error personalizado si se viola la restricción. En este caso, "La Dirección no deberá superar los cien caracteres".

Data Anotation Formato: [DisplayFormat]

```
[DisplayFormat(ConvertEmptyStringToNull =true, NullDisplayText ="[NULL]")]

public string Nombre { get; set; }
```

PUNTO	EXPLICACIÓN
ConvertEmptyStringToNull	• Indica si se debe convertir una cadena vacía ("") en null al asignar el valor a la propiedad Nombre. Cuando está establecida en **true**, las cadenas vacías se convierten automáticamente a null.
NullDisplayText	• Define el texto que se mostrará en la interfaz de usuario cuando el valor de Nombre sea null. En este caso, se mostrará **[NULL]** en lugar de dejar el campo vacío.

Establecer En Contexto: Clase Proveedor.cs

- **Clase de Contexto (Contexto.cs):**
  - o Este archivo generalmente contiene una clase que hereda de **DbContext**, que es parte del **Entity Framework**. Esta clase actúa como un puente entre tu aplicación y la base de datos, permitiendo acceder y manipular datos utilizando modelos de entidad.
- **DbSet<Proveedores>:**
  - o **DbSet<T>** es una propiedad de **DbContext** que representa una colección de entidades del tipo T en la base de datos.
  - o En este caso, Proveedores es una clase de modelo (o entidad) que representa una tabla o entidad en tu base de datos.

```
public DbSet<Proveedores> Proveedores { get; set; }
```

Agregar Migración Y Actualización Por Medio De Consola De Administración De Paquetes

Agregar una migración:
- Cuando realizas cambios en tu modelo de datos (como agregar una nueva entidad o modificar una existente), utilizas **add-migration** para generar una nueva migración.

Aplicar migraciones:
- Después de generar una migración, ejecutas update-database para aplicar esos cambios a tu base de datos.
- Nos dirigiremos hacia **Microsoft SQL Server Management Studio** en donde podremos visualizar que se ha creado la Tabla, con las propiedades y los atributos que hemos especificado

AGREGAR LLAVE FORANEA DE MANERA IMPLICITA

En el contexto de bases de datos relacionales, como las utilizadas en sistemas de gestión empresarial **(ERP),** la estructura de las **tablas** y sus relaciones son fundamentales para **organizar** y **gestionar** la información de manera eficiente.

1. La tabla **Clientes** y **Proveedores** tienen campos similares para manejar la información de contacto.
   - En un sistema **ERP**, las tablas de **Clientes** y **Proveedores** suelen compartir ciertos campos que permiten almacenar y gestionar información relevante sobre estos actores clave en la cadena de suministro. Estos campos similares pueden incluir nombres, direcciones, números de contacto y otros detalles que facilitan la comunicación y la gestión de relaciones con estos **stakeholders.**
2. La tabla **Productos** tiene referencias a **Clientes** y **Proveedores** a través de las claves foráneas **(FK)**, indicando quién ha **comprado** el **producto** y quién lo **suministra.**
   - En la tabla de **Productos**, se utilizan claves foráneas **(FK)** para establecer relaciones con las tablas de **Clientes** y **Proveedores**. Las claves foráneas son campos en una tabla que hacen referencia a la clave principal de otra tabla, estableciendo así una relación entre ellas.

   En este caso:
   - **Cliente que ha comprado el producto:**
     - La clave foránea en la tabla de Productos hace referencia a la tabla de Clientes, identificando qué cliente ha adquirido un producto específico. Esta relación permite rastrear quién es el comprador del producto dentro del sistema.
   - **Proveedor que suministra el producto:**
     - De manera similar, otra clave foránea en la tabla de Productos se refiere a la tabla de Proveedores, indicando desde qué proveedor se adquiere el producto. Esta relación es crucial para gestionar el suministro, la logística y otros aspectos relacionados con la cadena de suministro.

En un **sistema ERP**, cada tabla **(como Clientes, Proveedores y Productos)** está diseñada para almacenar información específica y relacionada con entidades clave dentro de la organización. Las tablas de **Clientes** y **Proveedores** comparten campos similares porque ambas contienen datos esenciales de contacto y gestión de relaciones. Esto incluye nombres, **direcciones, números de teléfono** y otros detalles relevantes para comunicarse y colaborar efectivamente con estas partes interesadas externas.

- Por otro lado, la tabla de **Productos** actúa como un registro central para todos los productos que la empresa maneja. Para gestionar eficazmente quién compra y quién suministra estos productos, se utilizan claves foráneas. Estas claves son enlaces o referencias a registros específicos en las tablas de **Clientes** y **Proveedores**.

- Cuando un **producto** se vende a un cliente, la clave foránea en la tabla de **Productos** apunta al registro correspondiente en la tabla de **Clientes**, identificando así quién es el comprador. De manera análoga, cuando se trata del proveedor que suministra el producto, otra clave foránea en la tabla de **Productos** se vincula al registro correspondiente en la tabla de Proveedores, especificando quién es el proveedor del producto.

- Estas relaciones son cruciales para la trazabilidad y la gestión efectiva de la cadena de suministro y las relaciones con los clientes. Proporcionan una estructura organizada y coherente para el manejo de datos dentro del sistema **ERP**, asegurando que la información relevante esté disponible y sea accesible cuando se necesite para tomar decisiones comerciales informadas y eficientes.

Tabla Clientes	
cliente_id (PK)	Identificador único del cliente
nombre	Nombre del cliente
direccion	Dirección del cliente
telefono	Número de teléfono del cliente
email	Correo electrónico del cliente

Tabla Proveedores	
proveedor_id (PK)	Identificador único del proveedor
nombre	Nombre del proveedor
direccion	Dirección del proveedor
telefono	Número de teléfono del proveedor
email	Correo electrónico del proveedor

Tabla Productos	
producto_id (PK)	Identificador único del producto
nombre	Nombre del producto
descripcion	Descripción del producto
precio	Precio del producto
proveedor_id (FK)	Referencia al proveedor que suministra el producto
cliente_id (FK)	Referencia al cliente que ha comprado el producto

Crear un Nuevo Proyecto para ejemplificar agregar llave Foranea de manera implícita

1. En la pantalla de inicio de Visual Studio 2022, haz clic en **"Crear un nuevo proyecto"**.
2. Se abrirá una ventana de diálogo con una lista de plantillas de proyectos disponibles.
   - En la barra de búsqueda de la parte superior, escribe **"ASP.NET Core Web Application"** para filtrar las plantillas.
   - Selecciona **"Aplicación Web ASP.NET Core"** (ASP.NET Core Web Application) de la lista de plantillas filtradas y haz clic en **"Siguiente"**.
3. **Configurar el Proyecto**
   - En la ventana de configuración del proyecto, proporciona un nombre para tu proyecto en el campo **"Nombre del proyecto"**. Este nombre debe ser descriptivo y relevante para la aplicación que estás desarrollando.
   - Especifica la ubicación en tu sistema donde deseas guardar el proyecto en el campo **"Ubicación"**.
   - Proporciona un nombre para la solución en el campo **"Nombre de la solución"**. Una solución puede contener uno o más proyectos.
   - Haz clic en **"Crear"**.
4. **Seleccionar la Plantilla de Aplicación Web**
   - En la siguiente ventana, selecciona **".NET 6.0 (LTS)"** o la versión de **.NET Core** que prefieras en la lista desplegable de versiones del framework.
   - Haz clic en **"Crear"**.

Configuración Inicial: Instalar Paquetes Necesarios

- Microsoft.EntityFrameworkCore.**SqlServer**
- Microsoft.EntityFrameworkCore.**Tools**
- Microsoft.**EntityFrameworkCore**

Estructura del Archivo `appsettings.json`

El archivo `**appsettings.json**` puede tener una estructura como la siguiente:

```json
{
  "Logging": {
    "LogLevel": {
      "Default": "Information",
      "Microsoft.AspNetCore": "Warning"
    }
  },
  "AllowedHosts": "",
  "ConnectionStrings": {
    "conexionSQL": "Server=localhost; TrustServerCertificate=True Database= dbPK; Integrated Security=True;"
  }
}
```

Configuración del contexto de la base de datos
Heredar de `DbContext`:

- Nuestra clase `**ApplicationDbContext**` debe heredar de la clase `**DbContext**`, que es proporcionada por Entity Framework Core. Para ello, es crucial importar el espacio de nombres `**Microsoft.EntityFrameworkCore**`.

```csharp
using Microsoft.EntityFrameworkCore;

namespace WebApplicationRelacionada.Datos
{
    public class AplicationDbContext: DbContext
    {


    }
}
```

Creación del constructor

Clase Contexto:
- Contexto es una clase pública que hereda de **DbContext**. En **Entity Framework Core**, las clases que representan el contexto de la base de datos deben heredar de **DbContext**.
- Este contexto es esencial para interactuar con la base de datos, ya que proporciona acceso a las tablas y a las operaciones de consulta y modificación.

Constructor Contexto ():
- Este es el constructor de la clase Contexto.
- Un constructor es un método especial que se llama automáticamente cuando se crea una instancia de la clase. En este caso, el constructor está vacío ({ }), lo que significa que no realiza ninguna operación adicional al inicializar una instancia de Contexto.

DbContext:
- **DbContext** es una clase fundamental en **Entity Framework Core**.
- Define un conjunto de **API** para interactuar con la base de datos, como realizar consultas (LINQ to Entities), realizar cambios (SaveChanges), y definir y configurar modelos de datos a través de propiedades DbSet.
- El constructor de `Contexto` necesita aceptar una instancia de `DbContextOptions`.
- Este objeto contiene la configuración necesaria para conectarse a la base de datos.
- En el constructor, pasamos esta instancia a la clase base `Contexto`.
  - `DbContextOptions<Contexto>`:
    - Especifica las opciones de configuración para `ApplicationDbContext`.
  - `base (opciones) `:
    - Llama al constructor de la clase base `DbContext` pasando las opciones de configuración.

```csharp
using Microsoft.EntityFrameworkCore;

namespace WebApplicationRelacionada.Datos
{
    public class AplicationDbContext: DbContext
    {
        //Establecemos el constructor
        public AplicationDbContext(DbContextOptions<AplicationDbContext> options):base(options) { }

    }
}
```

Nos dirigiremos hacia el archivo el cual se indica como `Program.cs` debería verse algo así:

```csharp
using LlavePrimaria.Data;
using Microsoft.Extensions.Configuration;

var builder = WebApplication.CreateBuilder(args);

//Configuramos la conexion a SQLServer
builder.Services.AddDbContext<Contexto>(options =>
    options.UseSqlServer(builder.Configuration.GetConnectionString("conexionSQL")));
```

Creación de Clases con Propiedades y Anotaciones de Datos

Tabla Cliente	
cliente_id (PK)	Identificador único del cliente
nombre	Nombre del cliente
direccion	Dirección del cliente
telefono	Número de teléfono del cliente
email	Correo electrónico del cliente

```csharp
using System.ComponentModel.DataAnnotations;

namespace WebApplicationRelacionada.Models
{
    public class Cliente
    {
        [Key]
        public int IdCliente { get; set; }
        public string Nombre { get; set; }
        public string Direccion { get; set; }
        public string Telefono { get; set; }
        public string Correo { get; set; }

    }
}
```

Tabla Proveedor	
proveedor_id (PK)	Identificador único del proveedor
nombre	Nombre del proveedor
direccion	Dirección del proveedor
telefono	Número de teléfono del proveedor
email	Correo electrónico del proveedor

```csharp
using System.ComponentModel.DataAnnotations;

namespace WebApplicationRelacionada.Models
{
    public class Proveedor
    {
        [Key]
        public int IdProveedor { get; set; }
        public string Nombre { get; set; }
        public string Direccion { get; set; }
        public string Telefono { get; set; }
        public string Correo { get; set; }
    }
}
```

Tabla Producto	
producto_id (PK)	Identificador único del producto
nombre	Nombre del producto
descripcion	Descripción del producto
precio	Precio del producto
proveedor_id (FK)	Referencia al proveedor que suministra el producto
cliente_id (FK)	Referencia al cliente que ha comprado el producto

```csharp
using System.ComponentModel.DataAnnotations;

namespace WebApplicationRelacionada.Models
{
    public class Producto
    {
        [Key]
        public int IdProducto { get; set; }
        public string Nombre { get; set; }
        public string Descripcion { get; set; }
        public string Precio { get; set; }
    }
}
```

Uso de DbSet<T>

Operaciones con DbSet<T>

- Con **DbSet<T>,** podemos realizar varias operaciones sobre la base de datos, como **agregar, actualizar, eliminar** y **consultar** entidades.

```csharp
using Microsoft.EntityFrameworkCore;
using WebApplicationRelacionada.Models;

namespace WebApplicationRelacionada.Datos
{
    public class AplicationDbContext: DbContext
```

```
{
    //Establecemos el constructor
    public AplicationDbContext(DbContextOptions<AplicationDbContext> options):base(options) { }

    //Repositorios
    public DbSet<Cliente> Clientes { get; set; }
    public DbSet<Producto> Productos { get; set; }
    public DbSet<Proveedor> Proveedores { get; set; }

    }
}
```

AGREGAR MIGRACIÓN Y ACTUALIZACIÓN POR MEDIO DE CONSOLA DE ADMINISTRACIÓN DE PAQUETES

Agregar una migración:
- Cuando realizas cambios en tu modelo de datos (como agregar una nueva entidad o modificar una existente), utilizas **add-migration** para generar una nueva migración.

Aplicar migraciones:
- Después de generar una migración, ejecutas **update-database** para aplicar esos cambios a tu base de datos. Nos dirigiremos hacia **Microsoft SQL Server Management Studio** en donde podremos visualizar que se ha creado la Tabla, con las propiedades y los atributos que hemos especificado

Llaves Foráneas: Cliente y Proveedor

En el contexto de bases de datos, una llave foránea es un campo (o combinación de campos) en una tabla que se refiere a la clave primaria de otra tabla.
- Las llaves foráneas se utilizan para establecer y reforzar un vínculo entre los datos de dos tablas.
- En el contexto de **Entity Framework** (y otros **ORM - Object-Relational Mapping**), se utilizan propiedades de navegación para representar estas relaciones.
- Las propiedades **Cliente** y **Proveedor** son ejemplos de tales propiedades de navegación.
- Estas propiedades permiten que una entidad (**Cliente** o **Proveedor**) se relacione con otra entidad a través de una relación **uno a uno [1:1]**, **uno a muchos [1: N]**, o **muchos a muchos [N: N]**.

EJEMPLO: Llave Foránea (FK) en Clase Producto.cs

- Para poner este código en contexto, imagina que estamos trabajando con una clase Producto que tiene una relación con las clases **Cliente** y **Proveedor**.
- La clase **Producto** podría verse así:
  - El código define propiedades de navegación en una clase para establecer relaciones entre entidades en una base de datos utilizando Entity Framework.
  - Estas propiedades actúan como **llaves foráneas** que vinculan la entidad actual con otras entidades (**Cliente** y **Proveedor**), facilitando la navegación y gestión de las relaciones en la aplicación.

```csharp
public class Producto
{
    public int Id { get; set; }
    public string Name { get; set; }
    public string Description { get; set; }
    public double Price { get; set; }
    public int Prov_Id { get; set; }
    public int Cte_Id { get; set; }

    //Establecemos las llaves Foráneas
    public Cliente Cliente { get; set; }
    public Proveedor Proveedor { get; set; }

}
```

AGREGAR MIGRACIÓN Y ACTUALIZACIÓN POR MEDIO DE CONSOLA DE ADMINISTRACIÓN DE PAQUETES

Agregar una migración y aplicar migraciones

LLAVES FORÁNEAS CON DATA ANOTATION

Vamos a realizar modificaciones en tres clases diferentes dentro de un proyecto de desarrollo de software en **C#.** En cada clase, vamos a añadir una anotación de datos ` [Key] ` a una propiedad específica.

- La anotación ` [Key] ` se utiliza en el contexto de **Entity Framework,** una herramienta de **mapeo objeto-relacional (ORM)** para **.NET,** que facilita la interacción con bases de datos mediante el uso de objetos.
- Esta **anotación** indica que la propiedad a la que se aplica es la **clave primaria** de la tabla correspondiente en la base de datos.

Clase **Proveedor.cs**

1. Localización y modificación de la clase **Proveedor.cs:**
   - Dirígete al archivo que contiene la clase `Proveedor` (**Proveedor.cs**).
   - Encuentra la primera propiedad implementada.
2. Aplicación de la anotación **[Key]:**
   - Modifica la primera propiedad para que se vea de la siguiente manera:
     - Aquí, la propiedad `ProveedorId` se define como la clave primaria de la tabla `Proveedor` en la base de datos.
     - Esto significa que cada registro de la tabla `Proveedor` será identificado de manera única por el valor de `ProveedorId`.

```
[Key]
public int ProveedorId { get; set; }
```

Clase **Cliente.cs**

1. Localización y modificación de la clase **Cliente.cs:**
   - Dirígete al archivo que contiene la clase `Cliente` (**Cliente.cs**).
   - Encuentra la primera propiedad implementada.
2. Aplicación de la anotación **[Key]:**
   - Modifica la primera propiedad para que se vea de la siguiente manera:
     - Similar al caso anterior, `ClienteId` se define como la clave primaria de la tabla `Cliente` en la base de datos, permitiendo identificar de manera única cada registro en dicha tabla.

```
[Key]
public int ClienteId { get; set; }
```

Clase **Producto.cs**

1. Localización y modificación de la clase **Producto.cs:**
   - Dirígete al archivo que contiene la clase `Producto` (**Producto.cs**).
   - Encuentra la primera propiedad implementada.

2. Aplicación de la anotación [**Key**]:
   - Modifica la primera propiedad para que se vea de la siguiente manera:
     - En este caso, `ProductoId` se establece como la clave primaria de la tabla `Producto` en la base de datos, asegurando que cada registro en la tabla `Producto` sea único e identificable a través de `ProductoId`.

```
[Key]
public int ProductoId { get; set; }
```

El uso de la anotación `[Key]` en cada una de estas propiedades (`ProveedorId`, `ClienteId`, `ProductoId`) establece explícitamente que estas propiedades son las **claves primarias** de sus respectivas tablas en la base de datos. Esto es esencial para asegurar la integridad de los datos y facilitar la gestión de las relaciones entre tablas en un sistema de base de datos relacional.

Contexto de Data Annotations

Las **Data Annotations en .NET** se utilizan para configurar y validar propiedades de modelos. En este caso, estamos utilizando la anotación `[ForeignKey]` para establecer relaciones entre entidades en una base de datos.

Clase `Producto.cs`

La clase `Producto.cs` representa un **producto** en nuestro sistema.
- Dentro de esta clase, tenemos dos propiedades que definen las relaciones con las entidades `Cliente` y `Proveedor`.
1. Definición de la Llave Foránea hacia `Cliente`:
   - **[ForeignKey ("Cliente")]:**
     - Esta Data Annotation indica que la propiedad `ClienteId` es una llave foránea que hace referencia a la entidad `Cliente`.
   - **public int ClienteId {get; set;}:**
     - Esta propiedad almacena el identificador (ID) del cliente al que está asociado el producto.
   - **public Cliente Cliente { get; set; }:**
     - Esta propiedad define la navegación hacia la entidad `Cliente`.
     - Permite acceder a los detalles del cliente asociado a través de la propiedad `Cliente`.

```
//Establece la Llave Foranea
[ForeignKey("Cliente")]
public int ClienteId { get; set; }

//Navegación hacia la entidad Cliente
public Cliente Cliente { get; set; }
```

2. Definición de la Llave Foránea hacia `Proveedor.cs`:
   - [ForeignKey ("Proveedor")]:
     - Esta Data Annotation indica que la propiedad `ProveedorId` es una llave foránea que hace referencia a la entidad `Proveedor`.
   - **public** int ProveedorId {get; set;}:
     - Esta propiedad almacena el identificador **(ID)** del proveedor al que está asociado el producto.
   - **public** Proveedor Proveedor {get; set;}:
     - Esta propiedad define la navegación hacia la entidad `Proveedor`.
     - Permite acceder a los detalles del proveedor asociado a través de la propiedad `Proveedor`.

```
//Establecemos la Llave Foranea
[ForeignKey("Proveedor")]
public int ProveedorId { get; set; }

//Navegación hacia la entidad Cliente
public Proveedor Proveedor { get; set; }
```

Relación entre Entidades: ClienteId y ProveedorId

Las llaves foráneas son cruciales para establecer relaciones entre las diferentes entidades en una base de datos relacional.

En este caso:
- `ClienteId` **es la llave foránea** que conecta `Producto` con `Cliente`.
  - Esto significa que cada producto está asociado con un cliente específico.
- `ProveedorId` **es la llave foránea** que conecta `Producto` con `Proveedor`.
  - Esto significa que cada producto está asociado con un proveedor específico.

Contexto en Entity Framework

Entity Framework (EF) usa estas anotaciones para entender cómo mapear estas clases a tablas de base de datos y cómo establecer las relaciones entre ellas.
- Al definir `ClienteId` y `ProveedorId` como llaves foráneas,
- **EF** sabe que las tablas correspondientes tendrán una relación de **uno a muchos** o de **muchos a uno** según la configuración adicional en el contexto de la base de datos.

Agregar migración y actualización por medio de consola de administración de paquetes

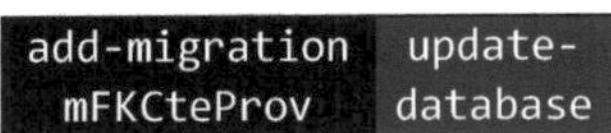
```
add-migration   update-
  mFKCteProv     database
```

Nos dirigiremos hacia **Microsoft SQL Server Management Studio** en donde podremos visualizar que se han creado las Llaves foráneas

RELACIÓN DE UNO A UNO

En el desarrollo de aplicaciones utilizando **Entity Framework Core**, las relaciones entre las entidades juegan un papel crucial.

- Una relación de **uno a uno (1:1)** se utiliza cuando una entidad está asociada a **una** y **solo una** instancia de otra entidad.
- Para entender y aplicar este concepto, veremos cómo crear dos clases, **Cliente** y **DetalleCliente**, y establecer una relación de **uno a uno** entre ellas.

Definición de la Clase: DetalleCliente

En el contexto del desarrollo de software orientado a objetos, la organización y la estructura del código son fundamentales para garantizar la claridad y la funcionalidad del sistema.

A continuación, exploraremos la definición de la clase **DetalleCliente** y su relación con la **clase Cliente,** así como la configuración necesaria en el contexto de la aplicación.

Clase: DetalleCliente.cs

La clase **DetalleCliente** se utiliza para almacenar información específica relacionada con un cliente en particular.
- Esta clase puede incluir atributos como:
  - Identificador del cliente
  - Detalles de contacto
  - Dirección y cualquier otra información relevante que se desee gestionar.

```csharp
using System.ComponentModel.DataAnnotations;
using System.ComponentModel.DataAnnotations.Schema;

namespace LlavePrimaria.Models
{
    public class DetalleCliente
    {
        [Key]
        public int DetalleClienteId { get; set; }

        //Campos adicionales a clientes ............................
        public string MetodoContactoPreferido { get; set; }
        public string NotasCliente { get; set; }
        public DateTime FechaNacimientoCliente { get; set; }
        public bool ClienteActivo { get; set; }

    }
}
```

Como siguiente paso en el desarrollo de nuestro proyecto, debemos dirigirnos a la clase
denominada `Contexto.cs`.

- Esta clase actúa como el contexto principal para interactuar con la base de datos utilizando
  Entity Framework.
- Dentro de esta clase, estableceremos una propiedad pública de tipo `DbSet<DetalleCliente>`
  - Aquí, `DbSet<DetalleCliente>` representa un conjunto de la entidad `DetalleCliente` que se puede
    consultar y modificar.
  - Al definir esta propiedad en la clase `Contexto.cs`, estamos indicando a **Entity Framework** que
    debe rastrear y mapear las instancias de `DetalleCliente.cs` a una tabla correspondiente en la base
    de datos. De esta forma, se facilita el manejo de las operaciones relacionadas con `DetalleCliente.cs`
    dentro del contexto de la aplicación, asegurando una integración eficiente y coherente con la base de
    datos subyacente.

```csharp
public DbSet<DetalleCliente> detalleCliente { get; set; }
```

Relación desde la Tabla Padre: Cliente.cs

1. Definición del Campo de Llave Foránea
   - Primero, nos dirigimos a la clase Cliente.cs, la cual actúa como la tabla principal o **"padre"**.
   - En esta clase, crearemos un nuevo campo que servirá como la **llave foránea.**
   - Este campo tendrá un tipo de dato entero **(int)** y se llamará DetalleClienteId.
   - Para **indicar** que este campo es **una llave foránea** que referencia a la clase DetalleCliente.cs,
     utilizaremos la anotación [ForeignKey].

2. Uso de Data Annotations
   - Las Data Annotations son atributos que se utilizan para configurar el comportamiento de los
     campos de las entidades.
   - En este caso, utilizamos [ForeignKey ("DetalleCliente")] para establecer la **relación de llave**
     foránea.
   - Esta anotación indica que el campo **DetalleClienteId** está relacionado con la entidad
     DetalleCliente.

3. **Instanciación del Objeto**
   - Después de definir la llave foránea, instanciamos el objeto **DetalleCliente** dentro de la clase Cliente.
   - Esto permite que la clase Cliente mantenga una referencia a una instancia de **DetalleCliente**.

El código resultante se verá de la siguiente manera:

- La anotación **[ForeignKey ("DetalleCliente")]** establece la relación de llave foránea entre **Cliente** y **DetalleCliente**.
- El campo **DetalleClienteId** es el identificador que se utilizará para referenciar a DetalleCliente.
- La propiedad **DetalleCliente** permite acceder a la instancia de **DetalleCliente** asociada con el Cliente.

```csharp
public class Cliente
{
    // Establecemos la relación de llave foránea
    [ForeignKey("DetalleCliente")]
    public int DetalleClienteId { get; set; }

    // Instanciamos la clase DetalleCliente
    public DetalleCliente { get; set; }
}
```

Configurar la relacion Uno a Uno

Para configurar una relación **uno a uno** entre dos tablas en un contexto de programación orientada a objetos, es necesario seguir una serie de pasos precisos para asegurar la correcta implementación de dicha relación. En este caso, nos enfocaremos en la relación entre una **tabla principal**, identificada como **"Cliente.cs"**, y una **tabla secundaria** o hija, denominada **"DetalleCliente.cs"**.

1. **Configurar la Clase Secundaria (Hija)**
   - A continuación, nos dirigimos a la clase **"DetalleCliente.cs"**. En esta clase, es fundamental establecer una instancia de la clase principal **"Cliente.cs"** para crear la **relación uno a uno.**
     - La propiedad public **Cliente Cliente {get; set;}** en la clase "DetalleCliente.cs" establece una instancia de la clase "Cliente". Esto indica que cada objeto de **"DetalleCliente"** está asociado de manera única con un objeto de **"Cliente"**. En términos de modelado de datos, esta configuración permite que cada registro en la tabla **"DetalleCliente"** esté directamente vinculado a un registro en la tabla **"Cliente"**. La relación **uno a uno** garantiza que por cada cliente exista un solo detalle de cliente y viceversa.

```csharp
using System.ComponentModel.DataAnnotations;
using System.ComponentModel.DataAnnotations.Schema;

namespace LlavePrimaria.Models
{
    public class DetalleCliente
    {
        [Key]
        public int DetalleClienteId { get; set; }

        //Campos adicionales a clientes
        ......

        //Instanciamos desde la clase padre
        public Cliente cliente { get; set; }

    }
}
```

Consola del Administrador de paquetes

Agregar una migración:	Aplicar migraciones:
`add-migration mFKCteProv`	`update-database`

Microsoft SQL Server Management Studio

En **Microsoft SQL Server Management Studio (SSMS)**, es posible visualizar las relaciones de **clave foránea** (**FK**, por sus siglas en inglés) que existen entre las tablas de una base de datos. Una clave foránea es una columna o un conjunto de columnas en una tabla que establece un vínculo entre los datos de dicha tabla y los datos de otra tabla, asegurando así la integridad referencial.

En este contexto, la relación de clave foránea denominada

- **"FK_clientes_detalleCliente_DetalleClienteId"** indica que en la tabla **clientes**, existe una columna que referencia a la columna **DetalleClienteId** en la tabla **detalleCliente**. Esta relación asegura que cualquier valor presente en la columna referenciada de la tabla clientes debe existir previamente en la columna DetalleClienteId de la tabla detalleCliente.

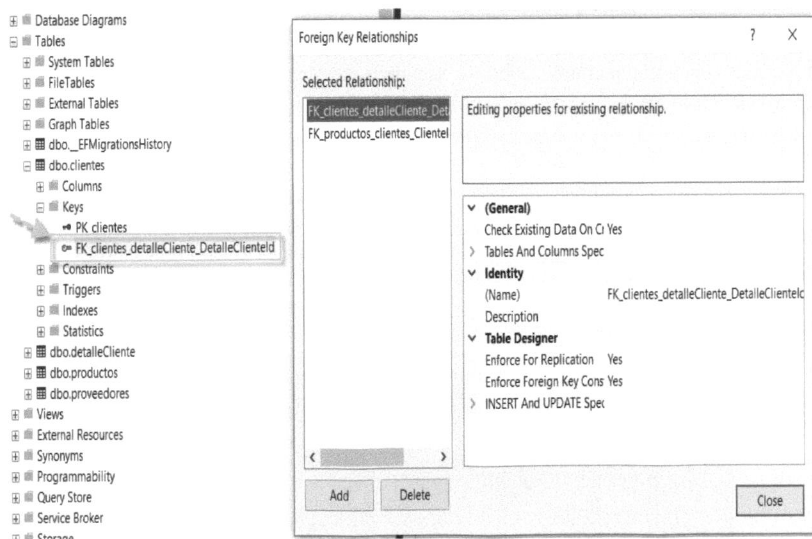

RELACIÓN DE UNO A MUCHOS

Creación de la Clase: Articulo.cs

A continuación, procederemos a la creación de una clase que denominaremos **"Articulo.cs"**. Esta clase será fundamental en nuestro diseño, ya que actuará como un modelo que encapsula los atributos y comportamientos relevantes para representar un artículo dentro de nuestro sistema.

```csharp
using System.ComponentModel.DataAnnotations;

namespace LlavePrimaria.Models
{
    public class Articulo
    {
        //Propiedades de la clase
        [Key]
        public int ArticuloId { get; set; }
        public int DetalleArticulo { get; set; }
        public string DescripcionArticulo { get; set; }
        public decimal PrecioArticulo { get; set; }
        public int CantidadInventario { get; set; }

    }
}
```

Creación de la Clase: Categoria.cs

La clase Categoría incluirá atributos que definirán las propiedades esenciales de cada categoría. Estos atributos permitirán almacenar información relevante y facilitarán la gestión de las mismas en el contexto de nuestra aplicación.

A continuación, se describen los elementos clave que consideraremos en su implementación:

- **CategoriaId:**
    - un identificador único de tipo int que servirá para distinguir cada categoría.
- **NombreCategoria:**
    - una cadena de texto (**string**) que representará el nombre de la categoría.
- **DescripciónCategoria:**
    - una cadena de texto opcional que proporcionará detalles adicionales sobre la categoría.

```csharp
using System.ComponentModel.DataAnnotations;
namespace LlavePrimaria.Models
{
    public class Categoria
    {
        [Key]
        public int CategoriaId { get; set; }
        public string NombreCategoria { get; set; }
        public string DescripcionCategoria { get; set; }
    }
}
```

Creación de clase: Contexto.cs

En el ámbito del desarrollo de software utilizando Entity Framework, la clase **Contexto.cs** desempeña un papel fundamental al actuar como el puente entre la aplicación y la base de datos. Esta clase hereda de **DbContext**, proporcionando la infraestructura necesaria para interactuar con las entidades definidas en el modelo de datos.

- Para facilitar la manipulación de datos relacionados con los artículos y sus categorías, se configuran dos propiedades de tipo **DbSet<T>** en la clase **Contexto.cs** de la siguiente manera:

```
public DbSet<Articulo> articulo { get; set; }
public DbSet<Categoria> categorias { get; set; }
```

Análisis de la Configuración en la clase Contexto.cs

- **DbSet<T>:**
  - Cada propiedad de tipo **DbSet<T>** representa una colección de entidades de un tipo específico que se pueden consultar y guardar en la base de datos. En este caso, **DbSet<Articulo>** permite realizar operaciones **CRUD** (Crear, Leer, Actualizar, Eliminar) sobre los artículos, mientras que **DbSet<Categoria>** realiza las mismas operaciones para las categorías.
- **Convención de Nombres:**
  - Es importante destacar que el nombre de cada propiedad, artículo y categorias, se utiliza para definir el conjunto de datos correspondiente en la base de datos.
  - Por convención, Entity Framework generará las tablas asociadas con los nombres de las propiedades, a menos que se especifique lo contrario mediante configuraciones adicionales.
- **Acceso a Datos:**
  - Mediante la utilización de estas propiedades, los desarrolladores pueden acceder de manera eficiente a los datos de los artículos y las categorías. **Por ejemplo**, se pueden realizar consultas para obtener una lista de todos los **artículos** disponibles o para recuperar todas las **categorías** existentes, utilizando métodos como **ToList ()**, **Find ()**, y otros que proporciona LINQ.
- **Interacción con la Base de Datos:**
  - Cuando se trabaja con **DbSet**, Entity Framework se encarga de traducir las operaciones realizadas en la aplicación a comandos SQL que se ejecutan en la base de datos subyacente, optimizando así el proceso de acceso a datos y manteniendo la integridad de la información.

Configuramos la precisión de la propiedad: PrecioArticulo.cs

Configuramos el tipo de columna y la precisión de la propiedad **PrecioArticulo** en el método **OnModelCreating** de tu **contexto** de datos **"AplicationDbContext"** o bien busca el archivo de contexto con el nombre que has asignado.

- Aquí tienes un **ejemplo** de cómo hacerlo:

```
protected override void OnModelCreating(ModelBuilder modelBuilder)
{
    modelBuilder.Entity<Articulo>()
        .Property(a => a.PrecioArticulo)
        .HasColumnType("decimal(18, 2)") // Especifica el tipo de columna
        .HasPrecision(18, 2); // Especifica la precisión y escala
}
```

El método **OnModelCreating** es un componente esencial en el contexto de **Entity Framework Core,** utilizado para configurar el modelo de datos mediante la clase **ModelBuilder**.

En el ejemplo proporcionado, se establece una configuración específica para la entidad **Artículo**, particularmente para la propiedad **PrecioArticulo**.

A continuación, se desglosan las dos líneas de configuración incluidas en este método:
- **modelBuilder.Entity<Articulo> ():**
  - Esta instrucción indica que se está configurando el modelo correspondiente a la entidad **Artículo**. Es fundamental en la creación de un mapa entre la clase de dominio y la representación en la base de datos.
- **.Property(a => a.PrecioArticulo):**
  - Aquí se especifica que se va a configurar la propiedad **PrecioArticulo** de la entidad **Artículo**. Esta propiedad es de tipo decimal y representa el precio de un artículo.
- **.HasColumnType ("decimal (18, 2)"):**
  - Esta línea define el tipo de columna que se utilizará en la base de datos para **PrecioArticulo**.
  - En este caso, se especifica que se debe utilizar el tipo decimal con un total de **18 dígitos**, de los cuales **2** estarán reservados para la parte decimal.
  - Esto garantiza que los valores almacenados en la base de datos respeten este formato.
- **.HasPrecision (18, 2):**
  - Finalmente, esta instrucción complementa la anterior al establecer la precisión y escala de la propiedad.
  - La precisión se refiere al número total de dígitos que se pueden almacenar, mientras que la escala se refiere al número de dígitos que pueden aparecer después del punto decimal.
  - Al especificar **HasPrecision (18, 2)**, se asegura que **PrecioArticulo** mantenga la integridad de los datos en cuanto a la representación numérica y las operaciones aritméticas.

Llave Foránea con la Tabla: Categoria.cs

En el contexto del desarrollo de bases de datos relacionales, una **llave foránea** (o **foreign key**) es un campo o conjunto de campos que establece un vínculo entre los registros de dos tablas. Este vínculo permite mantener la integridad referencial en la base de datos, asegurando que las relaciones entre las entidades se mantengan coherentes.

A continuación, explicaremos cómo establecer una **llave foránea (FK)** en el contexto de la clase **Categoria**, desde la clase **"Articulo.cs"**

Definición de la Llave Foránea de la Clase: Artículo.cs

Para definir una llave foránea en la clase que representa a la entidad que contiene la referencia, utilizamos el atributo **[ForeignKey]**.

En este caso, el código es el siguiente:
- **CategoriaId** es un entero que actúa como la llave foránea, vinculando la entidad actual con la entidad Categoria.
- El atributo **[ForeignKey ("Categoria")]** indica que este campo se relaciona con la propiedad **Categoria** de la misma clase o de una clase relacionada.

```
[ForeignKey("Categoria")]
public int CategoriaId { get; set; }
```

Instanciación de la Clase: Categoria.cs

Para poder acceder a los datos de la tabla **Categoria**, se debe instanciar la clase correspondiente.

Esto se logra a través de la siguiente propiedad:
- En este caso, **Categoria** es una referencia a la entidad **Categoria**, lo que permite acceder a sus propiedades y métodos.
- Esta instanciación no solo facilita la navegación a través de las relaciones de las entidades, sino que también permite realizar operaciones de carga de datos relacionadas cuando se utiliza **Entity Framework.**

```
public Categoria Categoria { get; set; }
```

IMPLEMENTACIÓN DE LA RELACIÓN UNO A MUCHOS

Para implementar una relación de **uno a muchos** en el contexto de programación orientada a objetos, utilizamos una estructura que permite a una instancia de una clase estar relacionada con múltiples instancias de otra clase. En este caso, abordaremos la relación entre la clase **Categoria** y la clase **Artículo.**

Clase Categoria.cs

En el archivo **Categoria.cs,** definimos la clase Categoria, que contendrá una propiedad que representa la colección de artículos asociados a dicha categoría.
- Esta propiedad se declara como una lista de objetos de la clase Artículo, indicando que una categoría puede tener múltiples artículos.

```
public class Categoria
{
    // Propiedad que establece la relación con la clase Articulo
    public List<Articulo> Articulo { get; set; }

}
```

Explicación del Código

- **Propiedad Articulo:**
  - Esta propiedad es de tipo **List<Articulo>,** lo que significa que puede contener cero o más instancias de la **clase Articulo.**
  - Al utilizar una **lista,** facilitamos la manipulación de los artículos asociados a una categoría, como agregar, eliminar o iterar sobre ellos.
- **Relación Uno a Muchos:**
  - En este diseño, cada objeto de la clase **Categoria** puede estar vinculado a **múltiples objetos** de la clase **Artículo. Por ejemplo,** una categoría denominada **"Electrónica"** puede incluir artículos como **"Televisor", "Teléfono" y "Laptop".** A su vez, cada artículo se relaciona exclusivamente con una categoría específica.

Consola del Administrador de paquetes

```
add-migration              update-
mRelacionUnoMuchosCA       database
```

RELACIÓN DE MUCHOS A MUCHOS

Creación de la Clase: Etiqueta.cs

- Para iniciar el proceso de desarrollo, procederemos a la creación de una clase que denominaremos **Etiqueta.cs.** Esta clase servirá como un modelo que encapsula las propiedades relevantes asociadas a una etiqueta dentro de nuestra aplicación.

A continuación, detallamos las propiedades que se incluirán en esta clase, junto con sus características:

Definición de la Clase
- La clase Etiqueta será definida con el siguiente contenido:

```csharp
public class Etiqueta
{
    [Key]
    public int EtiquetaId { get; set; }
    public string NombreEtiqueta { get; set; }

    [DataType(DataType.Date)]
    public DateTime FechaCreacion { get; set; }
}
```

Creación de Clase: Contexto.cs

En el desarrollo de aplicaciones que utilizan **Entity Framework**, la clase Contexto desempeña un papel fundamental al representar la conexión entre la base de datos y el modelo de datos de la aplicación. En este contexto, se define la clase **Contexto.cs**, que actuará como el contexto de la base de datos para la entidad Etiqueta.

- A continuación, se presenta la configuración específica que se debe incluir en la **clase Contexto:**

```
public DbSet<Etiqueta> etiqueta { get; set; }
```

Explicación de la Configuración

- **DbSet<Etiqueta>:**
  - **DbSet** es una clase proporcionada por **Entity Framework** que permite realizar operaciones de acceso a datos sobre un conjunto de entidades.
  - En este caso, **Etiqueta.cs** es el tipo de entidad que se manipulará.
  - Al definir un **DbSet** para **Etiqueta**, estamos indicando que esta colección de objetos será gestionada por el contexto de la base de datos.

- **Propiedad etiqueta:**
  - La **propiedad pública** etiqueta representa un conjunto de entidades **Etiqueta**.
  - La nomenclatura empleada para la propiedad debe seguir las convenciones de nombrado, y en este caso, se utiliza una minúscula para el nombre de la propiedad, lo que es una práctica común para indicar que se trata de una colección de instancias de la entidad.

- **Acceso a Datos:**
  - A través de esta propiedad, se podrán realizar operaciones **CRUD (Crear, Leer, Actualizar, Eliminar)** en la tabla correspondiente de la base de datos, que almacenará las instancias de la entidad Etiqueta.
  - Esta funcionalidad se logra mediante la interacción entre el **contexto** y el **proveedor de datos** de **Entity Framework.**

Consola del Administrador de paquetes

TABLA INTERMEDIA: ArticuloEtiqueta

Para establecer una relación de **muchos a muchos** entre las clases **Artículo** y **Etiqueta** en un sistema de gestión de datos, **es esencial implementar una tabla intermedia.**

- Esta tabla servirá como un vínculo que facilitará la asociación de múltiples instancias de Artículo con diversas instancias de Etiqueta.

- Al hacerlo, se permitirá una mayor flexibilidad en la gestión de datos, ya que **un mismo artículo** puede **estar relacionado con varias etiquetas** y, a su vez, **una etiqueta puede estar asociada con múltiples artículos.**
- Esta estructura no solo optimiza el almacenamiento de la información, sino que también mejora la consulta y recuperación de datos, lo que resulta en un sistema más eficiente y organizado.

Crear una nueva clase: ArticuloEtiqueta.cs

La clase **ArticuloEtiqueta** será responsable de contener las **claves primarias** de ambas entidades, así como referencias a los objetos que representan a cada una de estas entidades.

La estructura de esta clase es la siguiente:

```
using System.ComponentModel.DataAnnotations.Schema;

namespace WebApplicationRelacionada.Models
{
    public class ArticuloEtiqueta
    {
        //Establecemos la llave Foranea hacia la clase Articulo
        [ForeignKey("Articulo")]
        public int IdArticulo_FK { get; set; }
        //Establecemos la Navegación
        public Articulo { get; set; }

        //Establecemos la llave Foranea hacia la clase Etiqueta
        [ForeignKey("Etiqueta")]
        public int IdEtiqueta_FK { get; set; }
        //Establecemos la navegacion
        public Etiqueta Etiqueta { get; set; }
    }
}
```

Explicación de la Clase: ArticuloEtiqueta.cs

La clase **ArticuloEtiqueta** representa una entidad de relación que establece una conexión entre los objetos de las clases **Artículo** y **Etiqueta** en el contexto de un modelo de datos orientado a objetos. Este tipo de relación es común en sistemas que manejan clasificaciones o categorizaciones, permitiendo así una estructura más organizada y eficiente.

- La propiedad **ArticuloId** está decorada con el **atributo [ForeignKey ("Articulo")].**
  - Este atributo indica que **ArticuloId** es una llave foránea que se relaciona con la entidad **Artículo.**
  - Esto implica que cada instancia de **ArticuloEtiqueta** puede asociarse a un **único artículo**, asegurando la integridad referencial en la base de datos.
- Similarmente, la propiedad **EtiquetaId** tiene el **atributo [ForeignKey ("Etiqueta")],**
  - lo que establece que esta propiedad es una llave foránea que hace referencia a la entidad **Etiqueta.**
    - De esta manera, cada etiqueta también puede asociarse a múltiples artículos a través de esta relación.
- **public Articulo Articulo { get; set; }**
  - Establece una propiedad de navegación hacia la **clase Articulo.**

- o Esto permite acceder a los detalles del artículo asociado a la instancia actual de **ArticuloEtiqueta,** facilitando la carga de datos relacionados y mejorando la claridad del código.
- De manera análoga, **public Etiqueta Etiqueta { get; set; }**
  - o proporciona una propiedad de navegación hacia la clase Etiqueta, permitiendo acceder a la información de la etiqueta correspondiente.

Clase Contexto de Sobre escritura: OnModelCreating

En el contexto de desarrollo de aplicaciones con **Entity Framework,** la clase **Contexto.cs** juega un papel crucial en la configuración del modelo de datos. Una de las operaciones más importantes que podemos realizar en esta clase es la sobre escritura del método **OnModelCreating,** que se utiliza para definir la configuración del modelo antes de que sea utilizado para interactuar con la base de datos. La sobre escritura del método **OnModelCreating** permite personalizar la manera en que se configuran las entidades en el modelo de datos.

A continuación, se detalla la implementación específica para establecer claves primarias compuestas:

```csharp
protected override void OnModelCreating(ModelBuilder modelBuilder)
{
    base.OnModelCreating(modelBuilder);
    modelBuilder.Entity<Articulo>()
        .Property(a => a.PrecioArticulo)
        .HasColumnType("decimal(18,2)")
        .HasPrecision(18, 2);

    //Establecemos llave compuesta
    modelBuilder.Entity<ArticuloEtiqueta>()
        .HasKey(articulo_etiqueta => new
        {
            articulo_etiqueta.IdArticulo_FK,
            articulo_etiqueta.IdEtiqueta_FK
        });
}
```

- **Declaración del Método:**
  - o La declaración protected **override void OnModelCreating (ModelBuilder modelBuilder)** indica que estamos sobrescribiendo el método base para personalizar la configuración del modelo.
  - o El parámetro **modelBuilder** es una instancia del objeto **ModelBuilder,** que proporciona métodos para configurar las entidades del modelo.
- **Configuración de la Entidad:**
  - o Dentro del método, se utiliza **modelBuilder.Entity<ArticuloEtiqueta> ()** para acceder a la configuración de la entidad **ArticuloEtiqueta.**
  - o Esto permite especificar las características de esta entidad en particular.
- **Establecimiento de Claves Primarias:**
  - o El método **HasKey** se utiliza para definir las claves primarias de la entidad.
  - o En este caso, se establece una clave primaria compuesta por dos propiedades:

- **ArticuloId** y **EtiquetaId**.
- Esto se logra mediante la expresión:
  - que crea un objeto anónimo que incluye ambas propiedades como parte de la clave primaria.

```
.HasKey(articulo_etiqueta => new
{
    articulo_etiqueta.IdArticulo_FK,
    articulo_etiqueta.IdEtiqueta_FK
});
```

Importancia de la Clave Primaria Compuesta

La utilización de claves primarias compuestas es fundamental en el diseño de bases de datos relacionales, especialmente en situaciones donde una entidad necesita ser identificada de manera única a través de múltiples atributos. En el caso de **ArticuloEtiqueta**, esta configuración asegura que cada combinación de **ArticuloId** y **EtiquetaId** sea única, lo que permite una gestión eficaz de las relaciones entre **artículos** y **etiquetas**.

Relación de Muchos a Muchos

Para establecer relaciones de tipo **"muchos a muchos"** en un modelo de datos que involucra las tablas Articulo, **ArticuloEtiqueta** y **Etiqueta**, es fundamental definir correctamente las propiedades de navegación en las clases correspondientes.

- Esta relación permite que un **artículo** esté vinculado a **múltiples etiquetas**, y, a su vez, cada **etiqueta** puede asociarse a múltiples artículos.
- Para lograr esto, se debe crear una tabla intermedia, como **ArticuloEtiqueta**, que facilite la conexión entre las tablas **Artículo** y **Etiqueta**.
- En el contexto de programación orientada a objetos, las clases que representan estas entidades deben incluir colecciones que reflejen estas relaciones.
- De esta forma, se optimiza la gestión de datos y se mejora la flexibilidad del modelo, permitiendo un manejo eficiente de las asociaciones entre **artículos** y **etiquetas**. Así, se facilita la consulta y la manipulación de la información en la aplicación.

Definición de la relación "muchos a muchos": Entre Artículo y ArticuloEtiqueta

En la clase **Articulo.cs**, se define una propiedad de colección que permite acceder a todas las instancias de **ArticuloEtiqueta** asociadas.

Esta propiedad se declara de la siguiente manera:
- Aquí, **articuloEtiquetas** es una colección que representa todas las etiquetas que pueden estar vinculadas a un artículo específico.
- Dado que la relación es **"muchos a muchos"**, cada **Artículo** puede contener múltiples **ArticuloEtiqueta**, las cuales a su vez contendrán referencias a las Etiqueta asociadas.

```
public ICollection<ArticuloEtiqueta> articuloEtiquetas { get; set; }
```

Entre Etiqueta y ArticuloEtiqueta:

De manera similar, **en la clase Etiqueta.cs**, se debe definir también una propiedad de colección para permitir la navegación hacia las instancias de **ArticuloEtiqueta.**

La declaración es análoga:
- Esta propiedad permite que cada Etiqueta acceda a todos los **ArticuloEtiqueta** relacionados, reflejando la naturaleza bidireccional de la relación **"muchos a muchos".**
- Cada **Etiqueta** puede estar asociada a **múltiples artículos** a través de las instancias de **ArticuloEtiqueta.**

```
public ICollection<ArticuloEtiqueta> articuloEtiquetas { get; set; }
```

Consola del Administrador de paquetes

```
add-migration          update-
  mCrearMaMae           database
```

Tabla ArticuloEtiqueta

La tabla **ArticuloEtiqueta.cs** está diseñada para establecer una relación **muchos a muchos** entre entidades de **Artículo** y **Etiqueta.** Esta estructura permite asociar múltiples etiquetas a múltiples artículos, facilitando así la **categorización** y **organización de los datos.**

Explicación de los argumentos en la Relación Muchos a Muchos

En el contexto de una base de datos, la tabla **[dbo].[ArticuloEtiqueta]** se utiliza para gestionar la relación entre los artículos y las etiquetas. Aquí te explico los conceptos clave de esta tabla:

1. **[IdArticulo_FK]:** Este campo es una clave foránea (**FK**), que hace referencia al identificador único de un artículo en la tabla [Articulo]. Esto significa que cada entrada en **[dbo]. [ArticuloEtiqueta]** está vinculada a un artículo específico.

2. **[IdEtiqueta_FK]:** Este campo también es una clave foránea (**FK**), pero hace referencia al identificador único de una etiqueta en la tabla **[Etiquetas].** Cada entrada en **[dbo]. [ArticuloEtiqueta]** también está vinculada a una etiqueta específica.

3. **[PK_ArticuloEtiqueta]:** Este campo es la clave primaria (**PK**) de la tabla **[dbo].[ArticuloEtiqueta].** Identifica de forma única cada registro en esta tabla. Suele ser un identificador único que asegura que no haya duplicados en la relación.

4. [FK_ArticuloEtiqueta_Articulo_IdArticulo_FK] y [FK_ArticuloEtiqueta_Etiquetas_IdEtiqueta_FK]: Estos son los nombres de las restricciones que definen las claves foráneas para IdArticulo_FK y IdEtiqueta_FK. Se encargan de asegurar la integridad referencial entre las tablas, garantizando que cada valor en estos campos coincida con un valor existente en las tablas **[Articulo]** y **[Etiquetas],** respectivamente.

Relación entre Artículos y Etiquetas

- La tabla **[dbo].[ArticuloEtiqueta]** funciona como una tabla intermedia que implementa una relación de muchos a muchos (N) entre los artículos y las etiquetas. Un artículo puede tener múltiples etiquetas, y una etiqueta puede estar asignada a múltiples artículos.

Por ejemplo, si tienes un **artículo** con el **ID 1** y dos **etiquetas** con los **IDs 10 y 20**, la tabla podría verse así:
- Aquí, el artículo con ID 1 tiene dos etiquetas diferentes, una con ID 10 y otra con ID 20.

PK_ArticuloEtiqueta	IdArticulo_FK	IdEtiqueta_FK
1	1	10
2	1	20

Al momento de visualizar el Manejador de Base de Datos, podremos observar el siguiente resultado:

REALIZAR LAS OPERACIONES CRUD

[READ] Lectura de Registros en ASP.NET MVC: Explicación de la Vista Index.cshtml

En el contexto del desarrollo de aplicaciones web utilizando **ASP.NET MVC**, la lectura de registros es un proceso fundamental que permite a los usuarios interactuar con los datos almacenados en la base de datos. Para facilitar esta interacción, se emplean **controladores** y **vistas** que trabajan en conjunto para presentar la información de manera clara y accesible.

Estructura de la Vista Index.cshtml
- La vista **Index.cshtml** es un componente esencial de la aplicación que se encuentra en la carpeta **Home**, dentro de la carpeta **Views**. Esta ubicación es significativa, ya que sigue la convención de nomenclatura y organización que promueve **ASP.NET MVC**, donde cada controlador tiene su correspondiente conjunto de vistas.

Función de la Vista Index.cshtml
- La vista **Index.cshtml** está diseñada para mostrar una lista de registros que el controlador asociado a la acción de índice ha recuperado de la base de datos. Su propósito es proporcionar una interfaz visual donde los usuarios puedan ver y, en algunos casos, gestionar los datos disponibles.

Explicación Técnica de la Vista:
1. **Directivas Razor:** Estas permiten la inclusión de lógica **C#** dentro del **HTML**, facilitando la renderización dinámica de los datos.
2. **Modelo:** La vista **Index.cshtml** suele estar tipada a un modelo específico que representa los registros a mostrar, permitiendo el acceso a propiedades de cada registro de manera tipada.
3. **Iteración sobre los Datos:** Utilizando estructuras de control como bucles, se itera sobre la colección de registros, generando el **HTML** necesario para presentar cada elemento de forma ordenada y estructurada.
4. **Enlaces de Acción:** La vista puede incluir enlaces que permitan a los usuarios realizar acciones adicionales, como **ver**, **editar** o **eliminar** registros.

EJEMPLO DE CÓDIGO
A continuación, se presenta un ejemplo básico de cómo podría estructurarse la vista **Index.cshtml:**

```
@{
    ViewData["Title"] = "Home Page";
}

<div class="text-center">

    <h1 class="display-4">Welcome</h1>
```

```
<p>Learn about <a href="https://docs.microsoft.com/aspnet/core">building Web apps with ASP.NET
Core</a>.</p>
    </div>
```

HomeControler.cs

- El fragmento de código que se presenta a continuación, es perteneciente a un controlador en una aplicación **ASP.NET Core**, específicamente en el contexto de un proyecto. Este controlador, denominado **HomeController**, hereda de la **clase Controller** proporcionada por **ASP.NET Core,** lo que le permite manejar las solicitudes **HTTP** y devolver las vistas correspondientes.

- En la sección de código, se inicializa un logger (**ILogger<HomeController>**) en el constructor del controlador, lo cual permite **registrar información, advertencias** y **errores**. Este logger es fundamental para documentar eventos significativos durante la ejecución de la aplicación, asegurando un seguimiento adecuado del comportamiento del sistema y facilitando la identificación y resolución de problemas. Con esta implementación, se mejora la trazabilidad y el control sobre el flujo de la aplicación, lo que contribuye a un desarrollo más eficiente y a una gestión de errores más efectiva.

- Dentro del controlador, encontramos **tres métodos** de acción (**Index, Privacy, y Error**) decorados con el atributo **[ActionName].** Estos métodos responden a diferentes rutas dentro de la aplicación:
    - **Index:** Este método responde a la ruta raíz de la aplicación (**/**) y devuelve una vista.
    - **Privacy:** Responde a la ruta **/Home/Privacy** y también devuelve una vista.
    - **Error:** Este método está decorado con **[ResponseCache]** para indicar que la respuesta no debe ser almacenada en caché. Además, maneja errores al devolver una vista especializada para errores, pasando un objeto **ErrorViewModel** que contiene detalles del error, como el **RequestId** generado por la actividad actual o el identificador de traza del contexto **HTTP.**

```
using aplicacionRelacionTablas.Models;
using Microsoft.AspNetCore.Mvc;
using System.Diagnostics;

namespace aplicacionRelacionTablas.Controllers
{
    public class HomeController : Controller
    {
        private readonly ILogger<HomeController> _logger;

        public HomeController(ILogger<HomeController> logger)
        {
            _logger = logger;
        }

        public IActionResult Index()
        {
            return View();
```

```
        }
        public IActionResult Privacy()
        {
            return View();
        }

        [ResponseCache(Duration = 0, Location = ResponseCacheLocation.None, NoStore = true)]
        public IActionResult Error()
        {
            return View(new ErrorViewModel { RequestId = Activity.Current?.Id ?? HttpContext.TraceIdentifier });
        }
    }
}
```

Este controlador define acciones para manejar las páginas de **inicio, privacidad** y **errores** de una aplicación **web ASP.NET Core**, utilizando funcionalidades integradas como el manejo de errores y la gestión de caché de respuestas. Este enfoque ayuda a organizar y controlar el flujo de la aplicación de manera estructurada y eficiente.

Vista en el servidor Local, al momento de ejecutar

CREACIÓN DEL CONTROLADOR: CateoriasController.cs

- En este ejercicio, desarrollaremos un controlador **MVC (Model-View-Controller)** denominado **"CategoriasController.cs"**.
- Para comenzar, definimos las dependencias necesarias mediante las directivas using, incluyendo las bibliotecas **Data** y **Models,** así como el paquete **Microsoft.AspNetCore.Mvc**, que es esencial para la creación de controladores en una aplicación **ASP.NET Core**.
  - El controlador **CategoriasController** se encuentra dentro del **namespace.**
  - En este controlador, **primero declaramos** una variable **de solo lectura** _contexto de tipo **Contexto**, que representa el contexto de base de datos.
  - Esta instancia se inicializa a través del **constructor del controlador**, que recibe un parámetro del mismo tipo, es decir de tipo contexto.
  - El método **Index**, que es una acción del controlador, se encarga de manejar las solicitudes **HTTP** dirigidas a la vista principal (**index**).

- Dentro de este método, se **crea una lista de objetos Categoria.cs**, obteniendo todos los registros de la **tabla categorías** mediante el método **ToList ( )** del contexto.
- Finalmente, la lista de categorías se pasa a la vista utilizando el **método View**, permitiendo que los datos se muestren en la interfaz de usuario.

```csharp
using LlavePrimaria.Data;
using LlavePrimaria.Models;
using Microsoft.AspNetCore.Mvc;


namespace LlavePrimaria.Controllers

{
    public class CategoriasController : Controller
    {
        //1 Instanciamos el contexto de base de datos
        public readonly Contexto _contexto;

        //2 Constructor del controlador, que recibe una instancia del contexto
        public CategoriasController(Contexto contexto)
        {
            //Asignamos el parámetro a la instancia de la B.D
            _contexto = contexto;
        }

        // Acción para manejar la solicitud a la vista de índice
        public IActionResult Index()
        {
            //3 Creamos una lista de objetos Categoria a partir de la base de datos
            List<Categoria> listaCategoria = _contexto.categorias.ToList();

            // Retornamos la vista con la lista de categorías
            return View(listaCategoria);
        }

    }
}
```

Creación de la Vista en ASP.NET Core

- Para proceder con la creación de una vista en **ASP.NET Core**, debemos seguir los siguientes pasos detalladamente.
    - Nos ubicaremos en el método que retorna la vista, en este caso:

```csharp
public IActionResult Index()
```

Una vez ubicados en el método `Index ( )`, haremos doble clic sobre su nombre para iniciar el proceso de adición de una vista. Este doble clic nos permitirá acceder a las opciones de generación de la vista correspondiente a la acción seleccionada.

- A continuación, seleccionaremos la opción **"Agregar Vista"** del menú contextual que aparece. Dentro de las opciones disponibles, elegiremos **"Vista de Razor: Vacía"**.
    - Esta elección nos permite crear una vista desde cero, proporcionando una plantilla en blanco donde podemos definir el contenido **HTML** y las directivas de Razor necesarias para nuestra aplicación.

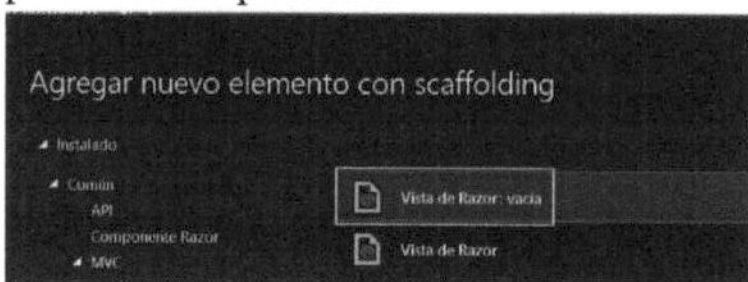

- Este proceso garantiza la integración adecuada de la vista en el flujo **MVC (Modelo-Vista-Controlador).** De esta forma, los datos enviados desde el controlador se presentan correctamente al usuario a través de la interfaz de usuario definida en la vista. Esto asegura una comunicación efectiva entre los componentes, proporcionando una experiencia de usuario coherente y eficiente. Además, facilita la gestión y actualización de la interfaz, manteniendo la lógica de la aplicación y la presentación separadas, lo que mejora la mantenibilidad y escalabilidad del sistema. Este enfoque estructurado es esencial para el desarrollo de aplicaciones web robustas y bien organizadas.

Explicación Técnica del Diseño de la Vista

La vista presentada está diseñada para mostrar una lista de categorías en una aplicación **ASP.NET Core MVC**, la cual identificaremos como **"aplicacionRelacionTablas"**

Declaración del Modelo
- Esta línea declara que la vista utilizará un modelo del tipo:
    - `IEnumerable< aplicacionRelacionTablas.Models.Categoria>`
        - Es decir, una colección enumerable de objetos de la clase `Categoria`.
        - Esta declaración permite que la vista acceda a las **propiedades** y **métodos** de los objetos `Categoria` pasados desde el controlador.

```
@model IEnumerable<nombre_proyecto.Models.Categoria>
```

Configuración del Título y Diseño de la Vista
- En este bloque de código, se asigna el título **"Lista de Categorias"** a la propiedad `ViewData ["Title"] `, que será utilizada por el diseño principal para mostrar el título de la página.
- Además, se especifica que la vista utilizará el diseño definido en `~/Views/Shared/_Layout.cshtml`.

```
@{
    ViewData["Title"] = "Lista de Categorias";
    Layout = "~/Views/Shared/_Layout.cshtml";
}
```

Estructura HTML y Lógica de Visualización

```
<div>
    @if (Model.Count() > 0)
    {
        <table class="table table-striped border">
            <tr>
                <th>Nombre de Categoria</th>
                <th></th>
```

```
            </tr>
            @foreach (var categoria in Model)
            {
                <tr>
                    <td>@categoria.NombreCategoria</td>
                    <td>
                        <a class="btn btn-primary text-white" asp-action="Editar"
                            asp-route-id="@categoria.CategoriaId">Editar</a>

                        <a class="btn btn-danger text-white" asp-action="Eliminar"
                            asp-route-id="@categoria.CategoriaId">Eliminar</a>
                    </td>
                </tr>
            }
        </table>
    }
    else
    {
        <p>No se encontraron Categorias!</p>
    }
</div>
```

- **Div Contenedor:** Todo el contenido de la vista está dentro de un `<div>`.
- **Condición de Existencia de Datos:** Se verifica si el modelo contiene elementos (`Model.Count () > 0`).
  - Si hay elementos, se genera una tabla HTML para mostrarlos.
- **Tabla HTML:** La tabla tiene una clase de CSS `table table-striped border` para aplicar estilos predefinidos de Bootstrap.
- La primera fila (`<tr>`) define los encabezados (`<th>`) de las columnas: **"NOMBRE DE CATEGORIA"** y una columna vacía para las acciones.
- **Iteración y Visualización de Categorías:**
  - Utilizando un bucle `foreach`, se recorre cada objeto `categoria` en el modelo.
  - Por cada categoría, se crea una fila (`<tr>`) con dos celdas (`<td>`):
  - La primera celda muestra el nombre de la categoría (`@categoria.NombreCategoria`).
  - La segunda celda contiene dos enlaces (`<a>`), uno para **editar** y otro para **eliminar** la categoría.
    - Estos enlaces utilizan clases de Bootstrap para estilización y tienen atributos `asp-action` para especificar las acciones del controlador correspondientes (`Editar` y `Eliminar`).
    - El `id` del enlace se establece con el `CategoriaId` de la categoría para identificarla de manera única.
- **Mensaje de No Encontrado:** Si el modelo no contiene categorías (`else`), se muestra un párrafo (`<p>`) indicando que no se encontraron categorías.

Ejecutamos el programa y observamos que, en este momento, nos muestra un mensaje indicando que no encuentra categorías y esto se debe a que la Tabla de la base de datos, en este momento no contiene ningún registro.

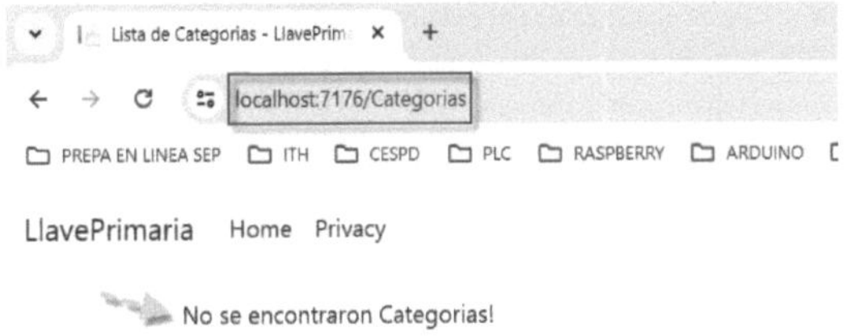

Crear un Botón en la barra de navegación

Para crear un botón en la barra de navegación de una aplicación web utilizando **ASP.NET Core**, es necesario modificar el archivo de diseño principal, generalmente denominado **_Layout.cshtml.** Este archivo actúa como la plantilla base para todas las vistas dentro de la aplicación, permitiendo una estructura consistente en todas las páginas.

A continuación, se muestra un ejemplo detallado de cómo agregar un botón adicional en la barra de navegación. Este botón redirigirá a la página de **"Categorías"**.

Acceder al archivo de diseño principal (_Layout.cshtml):
- El archivo **_Layout.cshtml** se encuentra generalmente en la carpeta **Views/Shared**.
- Este archivo contiene la estructura **HTML** que se aplica a todas las vistas de la aplicación.

Agregar un nuevo elemento de lista dentro de la barra de navegación:
- En el archivo _Layout.cshtml, localice la sección correspondiente a la barra de navegación, que usualmente está delimitada por una lista desordenada (<ul>).
- Luego, añada un nuevo elemento de lista (<li>) con la clase **nav-item** para mantener la coherencia con el diseño existente.

Definir el enlace de navegación:
- Dentro del nuevo elemento de lista, se debe incluir un enlace (<a>) que apunte al controlador y acción deseados.
- En este caso, queremos que el botón redirija a la acción **Index** del controlador **Categorias**. Utilizaremos las etiquetas de ayuda **asp-controller** y **asp-action** para generar el enlace correctamente.
- Aquí está el código para agregar el botón **"Categorías"** en la barra de navegación:

```html
<li class="nav-item">
    <a class="nav-link text-dark"
        asp-area=""
        asp-controller="Categorias"
        asp-action="Index">Categorias</a>
</li>
```

- **<li class="nav-item">**: Este elemento de lista (<li>) con la clase **nav-item** define un nuevo ítem en la barra de navegación.
- **<a class="nav-link text-dark" asp-area="" asp-controller="Categorias" asp-action="Index">Categorías</a>**: Este es el enlace de navegación.
- **class="nav-link text-dark"**: Define la apariencia del enlace, asegurando que utilice las clases de estilo de Bootstrap para mantener una apariencia coherente con el resto de los elementos de navegación.
- **asp-area=""**: Especifica el área de la aplicación, que en este caso se deja vacío ya que no se está utilizando un área específica.
- **asp-controller="Categorias"**: Indica que el enlace debe apuntar al controlador **Categorias**.
- **asp-action="Index"**: Especifica que el enlace debe dirigir a la acción **Index** del controlador **Categorias**.
- **Categorías:** El texto que se mostrará en el botón de navegación.

Al seguir estos pasos, se añadirá correctamente un nuevo botón en la barra de navegación que redirigirá a la página de **"Categorías"** de la aplicación, manteniendo la coherencia y el estilo de la interfaz existente.

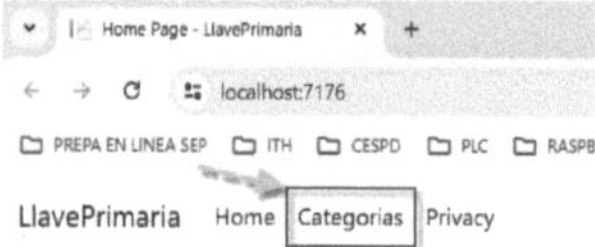

Visualizar Con Datos

Para llevar a cabo el ingreso de categorías en la base de datos, procederemos a utilizar **consultas SQL** a través del administrador de la base de datos, específicamente dirigidas a la tabla correspondiente a las categorías.

Una vez que se haya completado la inserción de los datos, el sistema permitirá visualizar la lista de categorías actualmente registradas en la base de datos, mostrando esta información de manera clara y accesible en la interfaz del programa. Esto no solo facilitará la verificación de los datos ingresados, sino que también optimizará la gestión de categorías dentro del sistema.

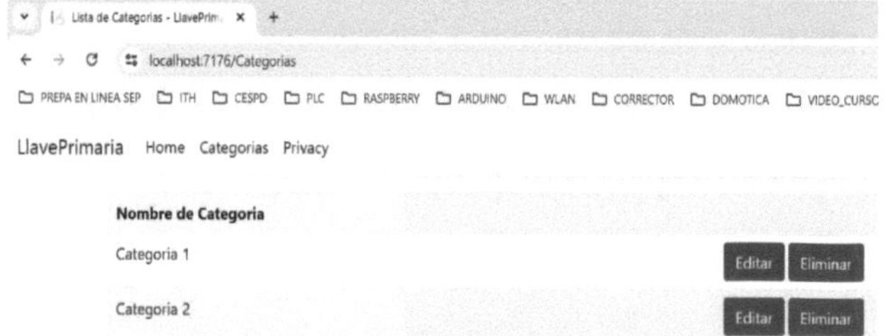

INSERCIÓN DE REGISTROS: CREATE

Lo que haremos, será **crear el botón** que permita realizar la inserción del registro en la base de datos, para lo cual, nos dirigiremos hacia el archivo que se indica como **"Index.cshtml"**, el cual se encuentra, dentro del directorio que se llama **"Categorias"** en donde crearemos el siguiente código

```html
<div class="row">
    <div class="col-4">
        <h3>Lista de Categorias</h3>
    </div>
    <div class="col-3">
        <a asp-action="Crear" class="btn btn-primary form-control">
            Crear Categoria</a>
    </div>
</div>
```

División Principal (**<div class="row">**):
- Este contenedor principal utiliza la **clase row** de Bootstrap, un popular framework CSS.
- La **clase row** indica que los elementos hijos dentro de este **div** se organizan en una fila.
- Esto es esencial para el diseño de cuadrículas responsivas.

Columna Izquierda (**<div class="col-4">**):
- Dentro de la fila, se define una columna con la clase **col-4**, que indica que esta columna ocupará cuatro de las doce partes disponibles en el sistema de cuadrículas de Bootstrap.
- En su interior, se encuentra una etiqueta <h3> que muestra el título **"LISTA DE CATEGORIAS"**. Esta etiqueta de encabezado de nivel 3 estiliza el texto para que sea más prominente, indicando la sección de la página que presenta una lista de categorías.

Columna Derecha (**<div class="col-3">**):
- Esta columna, con la clase **col-3**, ocupa tres de las doce partes de la fila de Bootstrap.
- Dentro de esta columna se encuentra un enlace (<a>) que actúa como un botón.
- Este enlace tiene varias características importantes:
    - **asp-action="Crear"**: Esta es una característica de **ASP.NET Razor**, que define que este enlace apuntará a la acción **"Crear"** en el **controlador** asociado.
    - Cuando se hace clic en este enlace, el usuario es redirigido a la página o acción donde se puede crear una nueva categoría.
    - Clases CSS (**class="btn btn-primary form-control"**):
        - **btn y btn-primary:** Estas clases son de Bootstrap y estilizan el enlace para que parezca un botón con el color primario de Bootstrap, generalmente azul.
        - **form-control:** Esta clase se utiliza para que el botón se expanda al tamaño completo del contenedor, alineándose con otros controles de formulario en términos de apariencia.

Funcionalidad y Estética

- **Responsividad:** El uso de las clases de Bootstrap asegura que la página sea responsiva y se vea bien en diferentes tamaños de pantalla. La distribución en una fila y las columnas especificadas aseguran que el contenido se adapte correctamente.
- **Interactividad:** El enlace estilizado como botón permite una navegación intuitiva para los usuarios, llevándolos a la funcionalidad de crear una nueva categoría.
- **Claridad Visual:** La separación clara entre el título de la lista de categorías y el botón de creación mejora la usabilidad y la experiencia del usuario, facilitando la comprensión y el uso de la interfaz.

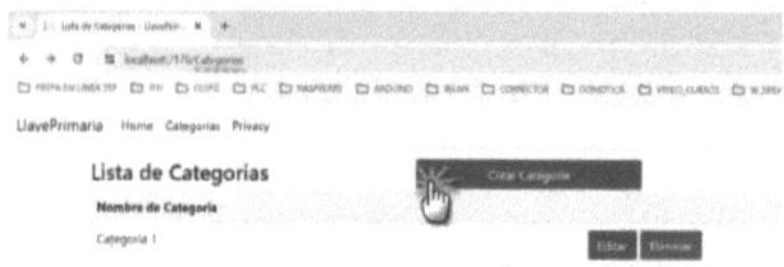

Creación de Método: GET

En este apartado, procederemos a desarrollar y detallar la implementación de una funcionalidad específica dentro de una aplicación web basada en **ASP.NET Core**. Nos enfocaremos en la creación de un método controlador y una vista asociada, con el objetivo de habilitar la capacidad de creación de categorías.

Primero, localizaremos el archivo denominado **CategoriasController.cs**. En este archivo, implementaremos el siguiente código:

- En este fragmento de código, estamos definiendo un método de acción llamado **Crear**.
- La **anotación [HttpGet]** especifica que este método responde a solicitudes **HTTP GET**.
- El método devuelve una vista, lo que indica que, al ser invocado, renderizará una interfaz de usuario.

```csharp
// Método de controlador para el botón de creación de categoría
[HttpGet]
public IActionResult Crear()
{
    return View();
}
```

Creación de Método: POST

- En el contexto de aplicaciones web, es fundamental la implementación de métodos **HTTP** que permitan interactuar de manera eficiente y segura con el servidor. Un método comúnmente utilizado es el método **POST**, empleado para enviar datos a un servidor y desencadenar la creación o modificación de recursos.

```csharp
// Creación del método para el botón del formulario
[HttpPost]
public IActionResult CrearFormulario()
{
    return View();
}
```

Decorador [HttpPost]:
- El decorador **[HttpPost]** es una **anotación** que indica que el método CrearFormulario responderá exclusivamente a solicitudes **HTTP** de tipo **POST**.
- En el modelo de arquitectura **RESTful**, este tipo de solicitudes se utiliza principalmente para enviar datos al servidor, típicamente desde un formulario web, y procesar esos datos para **crear** o **actualizar** recursos.

La firma del método define varias características importantes:
- Modificador de Acceso (**public**): Indica que el método es accesible desde cualquier parte del código, facilitando su invocación cuando se envía una solicitud **POST**.
- Tipo de Retorno (**IActionResult**): La interfaz **IActionResult** es una parte esencial del framework **ASP.NET Core**. Proporciona una manera flexible de definir el resultado de una acción del controlador, permitiendo devolver diversas respuestas **HTTP**, como **vistas**, **redirecciones, errores**, etc.

Cuerpo del Método
- El cuerpo del método encapsula la lógica que se ejecutará cuando el formulario sea enviado y el servidor reciba una solicitud **POST**. En este caso, la acción simplemente retorna una vista. Es importante notar que el método View ( ) busca, por convención, una vista que coincida con el nombre del método, en este caso, **CrearFormulario**.

Crear Vista Razor: Crear
- Como siguiente paso consiste en **crear la vista** que será presentada cuando el método Crear sea invocado. Esta vista será una **"Vista de Razor Vacía"** y la denominaremos **Crear.cshtml**.
- Para llevar a cabo este paso, realizaremos las siguientes acciones:
  1. Navegamos hacia la carpeta **Views** dentro de nuestro proyecto.
  2. Ubicamos o creamos una subcarpeta llamada **Categoria**.
  3. En esta subcarpeta, generaremos un nuevo archivo de vista denominado **Crear.cshtml**.
  4. Al completar estos pasos, en la carpeta Categoria debería visualizarse el archivo **Crear.cshtml**, confirmando que la vista ha sido correctamente creada.

Crear Estructura HTML: Crear.cshtml

En el desarrollo de aplicaciones web utilizando el marco de trabajo **ASP.NET Core**, la creación de vistas es una tarea fundamental para presentar datos y manejar interacciones con el usuario. En este contexto, analizaremos la construcción de una vista Razor denominada **"Crear.cshtml"**, que facilita la creación de una nueva categoría en una aplicación de gestión.

```
@model LlavePrimaria.Models.Categoria

@{
    ViewData["Title"] = "Crear categoria";
    Layout = "~/Views/Shared/_Layout.cshtml";
}

<br />
<br />
```

```html
<h3 class="text-center">Crear una nueva categoría</h3>
<form method="post" asp-action="CrearFormulario">
    <div class="row">
        <div asp-validation-summary="ModelOnly" class="text-danger"></div>
        <div class="col-12 mt-4">

            <div class="row">
                <div class="col-4">
                    <label asp-for="NombreCategoria"></label>
                </div>
                <div class="col-8">
                    <input asp-for="NombreCategoria" class="form-control" />
                    <span asp-validation-for="NombreCategoria"
                        class="text-danger"></span>
                </div>
            </div>

            <div class="row">
                <div class="col-4">
                    <label asp-for="DescripcionCategoria"></label>
                </div>
                <div class="col-8">
                    <input asp-for="DescripcionCategoria" class="form-control" />
                    <span asp-validation-for="DescripcionCategoria"
                        class="text-danger"></span>
                </div>
            </div>

        </div>
    </div>
    <div class="row mt-4">
        <div class="col-3">
            <a asp-action="Index">Volver a lista</a>
        </div>
        <div class="col-5 offset-4">
            <button type="submit" class="btn btn-primary form-control">Crear</button>
             
        </div>
    </div>
</form>
```

Definición del Modelo y Estructura Básica

- El archivo **Crear.cshtml** se configura para utilizar un modelo específico de datos mediante la directiva **@model**, que define el tipo de objeto que la vista espera recibir. En este caso, se utiliza **LlavePrimaria.Models.Categoria**, lo que permite a la vista acceder a las propiedades de este modelo:

```
@model nombre_proyecto.Models.Categoria
```

- Adicionalmente, se establece el título de la página y la disposición general a través de la directiva **@ {...}**. Aquí se define el título como **"Crear categoría"** y se especifica un diseño compartido (**_Layout.cshtml**) que se aplicará a la vista, garantizando una apariencia coherente en toda la aplicación:

```
@{
    ViewData["Title"] = "Crear categoría";
    Layout = "~/Views/Shared/_Layout.cshtml";
}
```

Estructura del Formulario

- El formulario **HTML** se estructura para enviar datos al servidor utilizando el **método POST**, y se asocia con la acción **CrearFormulario** del controlador correspondiente:

```html
<form method="post" asp-action="CrearFormulario">
```

Validación y Mensajes de Error

- Dentro del formulario, se incluye un resumen de validación que mostrará cualquier error de validación de modelo. Esto se realiza mediante el siguiente código, que ayuda a mantener una experiencia de usuario amigable al mostrar mensajes de error en un formato visible y coherente:

```html
<div asp-validation-summary="ModelOnly" class="text-danger"></div>
```

Entrada de Datos

- El formulario solicita al usuario que ingrese el nombre de la categoría. Para ello, se utiliza una etiqueta <label> vinculada al campo **NombreCategoria** del modelo, junto con un campo de entrada <input> que también se asocia al mismo campo del modelo. Esto asegura que los datos ingresados se vinculen correctamente al modelo cuando el formulario se envía:
- La directiva **asp-for** genera automáticamente el atributo name del campo de entrada basado en la propiedad del modelo, facilitando la vinculación de datos entre la vista y el controlador.

```html
<div class="row">
    <div class="col-4">
        <label asp-for="NombreCategoria"></label>
    </div>
    <div class="col-8">
        <input asp-for="NombreCategoria" class="form-control" />
        <span asp-validation-for="NombreCategoria" class="text-danger"></span>
    </div>
</div>
```

Botones de Acción

- Finalmente, el formulario incluye dos elementos de navegación y acción: un enlace para volver a la lista de categorías y un botón para enviar el formulario. Estos elementos se posicionan utilizando el sistema de grillas de Bootstrap para asegurar una alineación adecuada y una interfaz de usuario limpia:

```html
<div class="row mt-4">
    <div class="col-3">
        <a asp-action="Index">Volver a lista</a>
    </div>
    <div class="col-5 offset-4">
        <button type="submit"
                class="btn btn-primary form-control">Crear</button>
         
    </div>
</div>
```

Ejecución: Visualizar la funcionalidad de los Métodos

- Para llevar a cabo el procedimiento que hemos delineado, procederemos a ejecutar el programa correspondiente. Una vez que la interfaz se haya cargado correctamente, localizaremos el botón etiquetado como **"Crear Categoría"**. Este botón está vinculado a un método que hemos implementado en el archivo denominado **"index.cshtml"**. Al pulsar sobre dicho botón, se activará el método previamente definido, permitiendo la creación de una nueva categoría en el sistema.

- En el presente contexto, es posible observar la **creación de un formulario**, cuyo diseño ha sido establecido mediante la implementación de código HTML. Este formulario se configura de tal manera que permite la interacción del usuario a través del campo de entrada.

- Asimismo, es importante destacar que en la barra de direcciones del navegador se evidencia que se está realizando una invocación al método denominado **"Crear"**. Esta invocación se lleva a cabo utilizando el método **HTTP GET**, que es uno de los métodos fundamentales en la comunicación entre un cliente y un servidor web.

Implementación del método en el Controlador

- Para la correcta implementación de un método en el controlador **CategoriasController.cs,** procederemos a escribir el siguiente código en dicho archivo. Este método tiene como propósito manejar la acción de un botón en un formulario para la creación de una nueva categoría.

```
// Definición del método que responde a la acción del botón del formulario
[HttpPost] // Indica que el método responderá a solicitudes HTTP POST
// Previene ataques de falsificación de solicitud entre sitios (CSRF)
[ValidateAntiForgeryToken]
```

```csharp
// Método que recibe un objeto de tipo 'Categoria' como parámetro
public IActionResult Crear(Categoria categoria) {

    // Validación del modelo recibido
    // Verifica si el modelo de datos cumple con las validaciones establecidas
    if (ModelState.IsValid) {

        // Añade la nueva categoría al contexto de la base de datos
        _contexto.categorias.Add(categoria);

        // Guarda los cambios realizados en la base de datos
        _contexto.SaveChanges();

        // Redirige al usuario a la acción 'Index' después de guardar los cambios
        return RedirectToAction(nameof(Index));

    }

    // Si el modelo no es válido, retorna la vista actual para corrección de
    errores
    return View();
}
```

Atributos del Método
- **[HttpPost]:** Este atributo especifica que el método CrearFormulario responderá a solicitudes HTTP de tipo POST, que son típicamente usadas para enviar datos desde un formulario en una página web.
- **[ValidateAntiForgeryToken]:** Este atributo es esencial para la seguridad, ya que ayuda a prevenir ataques de falsificación de solicitud entre sitios (**CSRF**). Garantiza que la solicitud provenga de una fuente confiable.

Definición del Método
- **public IActionResult CrearFormulario (Categoria categoria):** Este es el método que será invocado cuando se envíe el formulario. Recibe un parámetro de tipo Categoria, que contiene los datos del formulario enviados por el usuario.

Validación del Modelo
- **if (ModelState.IsValid):** Esta línea verifica si los datos recibidos en el modelo Categoria cumplen con todas las validaciones definidas. **ModelState** es una propiedad que mantiene el estado de validación de los datos.

Operaciones con el Contexto de la Base de Datos
- **_contexto.categorias.Add (categoria):** Si los datos son válidos, se agrega la nueva categoría al contexto de la base de datos, que en este caso se asume que es **_contexto**.
- **_contexto.SaveChanges ():** Después de agregar la nueva categoría, se guardan los cambios en la base de datos para hacer persistente la nueva entrada.

Redirección y Retorno de Vistas
- **return RedirectToAction (nameof (Index)):** Tras guardar los cambios, el método redirige al usuario a la acción Index, que típicamente mostraría una lista de categorías o la página principal de la sección.
- **return View ():** Si el modelo no pasa la validación, se retorna la vista actual, permitiendo al usuario corregir los errores de validación y reenviar el formulario.

Modificar las advertencias al compilador

- Cuando se establece **<Nullable>disable</Nullable>**, se indica al compilador que ignore las advertencias relacionadas con la nulabilidad dentro del ámbito donde esta directiva está aplicada. Esto puede ser útil en diversas situaciones, como cuando se está trabajando con código heredado que no se ha adaptado completamente para la gestión de valores nulos, o cuando se considera que las advertencias generadas no son relevantes o no representan un riesgo significativo.

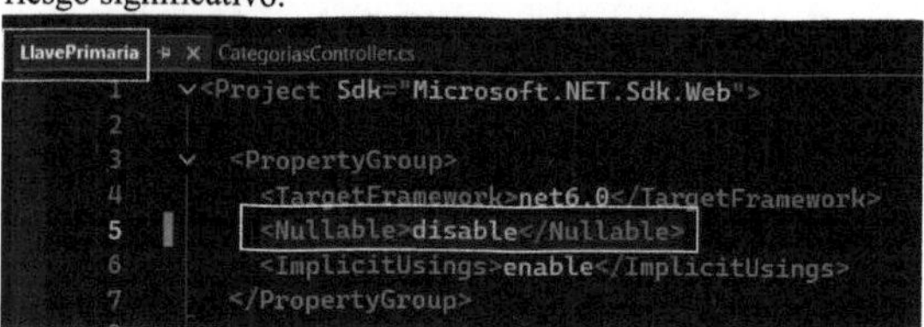


```
<Project Sdk="Microsoft.NET.Sdk.Web">

  <PropertyGroup>
    <TargetFramework>net6.0</TargetFramework>
    <Nullable>disable</Nullable>
    <ImplicitUsings>enable</ImplicitUsings>
  </PropertyGroup>
```

Requisitos de Anotación

- Primero, localizaremos la clase **"Categoria"** dentro del archivo **"Categoria.cs"**. Esta clase es utilizada para definir las propiedades y métodos relacionados con las categorías en nuestro modelo de datos. La estructura típica de esta clase incluye diversas propiedades que representan los atributos de una categoría.
- En segundo lugar, debemos asegurarnos de que la propiedad **"NombreCategoria"** esté marcada como requerida. Esto se logra utilizando la anotación de datos **[Required]**, proporcionada por el espacio de nombres **System.ComponentModel.DataAnnotations**. Esta anotación indica que el valor de la propiedad no puede ser nulo ni una cadena vacía, lo que garantiza que todas las instancias de **"Categoria"** tendrán un valor válido para **"NombreCategoria"**.
- El código necesario para implementar esta funcionalidad es el siguiente:

```
[Required]
public string NombreCategoria { get; set;
```

Ejecutamos

- En el caso que no coloquemos valores, nos retornará un mensaje, indicando que el campo nombre es requerido

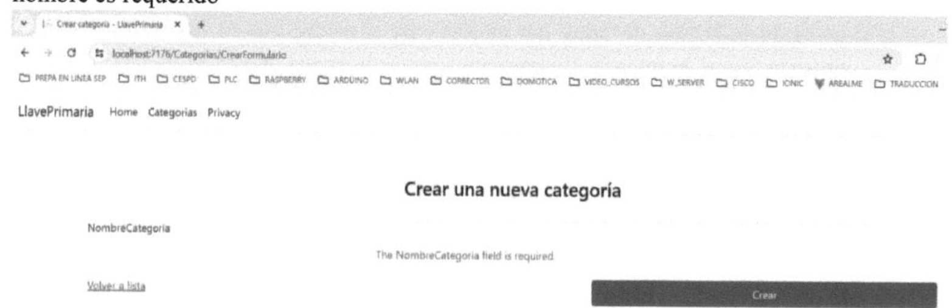

- En caso que coloquemos un valor para registrar como categoria

- Nos regresaremos al **index** y podremos visualizar que el registro se ha creado de manera exitosa

Inserción Múltiple en Archivos de Vista en ASP.NET Core

La inserción de múltiples categorías en aplicaciones web es una funcionalidad esencial en el desarrollo de software, especialmente en entornos como **ASP.NET Core**. En esta sección, detallaremos los pasos necesarios para agregar un enlace que permita la creación de múltiples categorías en una vista específica. Para ello, nos centraremos en la modificación del archivo **index.cshtml**, ubicado en la carpeta **Categorías**.

Acceso al Archivo de Vista
- Para comenzar, es necesario localizar y acceder al archivo **index.cshtml.** Este archivo se encuentra dentro de la estructura del proyecto, específicamente en la carpeta denominada **Categorías**.
- A continuación, se detallan los pasos para llegar al archivo:
    - o **Navegación a la Carpeta:** Utilizando el explorador de archivos de tu entorno de desarrollo, dirígete a la carpeta Categorías dentro del proyecto.
    - o **Apertura del Archivo:** Una vez localizada la carpeta, busca el archivo **index.cshtml** y ábrelo para su edición.

Modificación del Archivo index.cshtml
- Una vez que te encuentres en el archivo index.cshtml, deberás insertar el siguiente bloque de código **HTML** dentro de la estructura existente. Este código se encarga de agregar un botón que permite la creación de múltiples categorías.

```html
<div class="col-5">

    <a asp-action="CrearMultiplesCategorias"
```

```
          class="btn btn-secondary form-control"
          aria-label="Crear Múltiples Categorías">Crear Múltiples Categorías</a>
</div>
```

A continuación, se desglosa el propósito y funcionamiento de cada elemento dentro del bloque de código:

- **<div class="col-5">:** Este contenedor define una columna con un ancho de 5 unidades dentro de un sistema de diseño de rejilla **(grid System).** Esto es comúnmente utilizado en frameworks CSS como Bootstrap para controlar el diseño y la disposición de los elementos en la página.
- **<a asp-action="CrearMultiplesCategorias":** Este enlace (<a>) utiliza una etiqueta de acción de ASP.NET Core **(asp-action)** que apunta a la acción **CrearMultiplesCategorias** en el controlador correspondiente. Esta acción será responsable de manejar la lógica de creación de múltiples categorías.
- **class="btn btn-secondary form-control":** Estas clases de CSS aplican estilos al enlace, transformándolo en un botón con los estilos predefinidos. **btn** y **btn-secondary** son clases de Bootstrap que estilizan el enlace como un botón secundario, mientras que **form-control** asegura que el botón se ajuste al ancho del contenedor padre.
- **aria-label="Crear Múltiples Categorías":** El atributo **aria-label** proporciona una descripción accesible del botón para tecnologías de asistencia, mejorando la accesibilidad de la aplicación para usuarios con discapacidades.

Logrando un resultado como el siguiente:

Creación de una Vista de Tipo HttpGet en ASP.NET Core MVC

En el desarrollo de aplicaciones web con **ASP.NET Core MVC**, uno de los procesos esenciales es la creación de vistas que permiten la interacción con el usuario. En esta explicación, abordaremos la creación de una vista de tipo HttpGet mediante un controlador específico.

Creación del Método en el Controlador

- Primero, dirigiremos nuestra atención al archivo del controlador, identificado como **CategoriasController.cs.** En este archivo, implementaremos el siguiente método utilizando el atributo **HttpGet.**

o   El método **CrearMultiplesCategorias** está anotado con **[HttpGet],** lo cual indica que este método responderá a las solicitudes **HTTP GET**. La firma del método especifica que retorna un objeto de tipo **IActionResult**, que en este caso devuelve una vista mediante el método **View ().**

```
[HttpGet]
public IActionResult CrearMultiplesCategorias() {

    return View();

}
```

Creación de la Vista Asociada

- Una vez que el método ha sido creado, el siguiente paso consiste en generar la vista correspondiente que será renderizada cuando se invoque el método **CrearMultiplesCategorias**. Para ello, realizamos los siguientes pasos:
    1. Posicione el cursor sobre el nombre del método **CrearMultiplesCategorias**.
    2. Haga clic derecho sobre el nombre del método para desplegar el menú contextual.
    3. En el menú contextual, seleccione la opción para agregar una nueva vista.
    4. En el cuadro de diálogo que aparece, seleccionamos la opción de crear una vista de tipo **"Razor Empty"** (Vista de Razor Vacía). Es importante asignar un nombre significativo a la vista para mantener la coherencia con el método del controlador. En este caso, nombramos la vista como **CrearMultiplesCategorias.cshtml.**

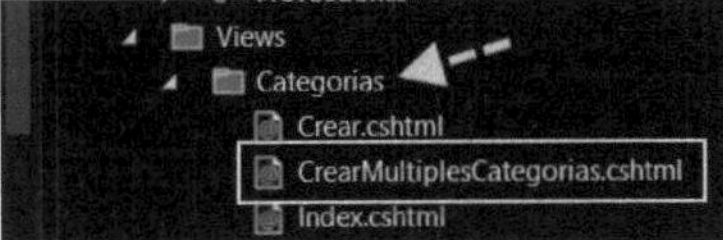

Creación de la Estructura HTML para la Vista "CrearMúltiplesCategorías"

Para proceder con la creación de la estructura **HTML** dentro del archivo **CrearMultiplesCategorias.cshtml,** se debe seguir una serie de pasos detallados que garantizarán una correcta implementación y funcionalidad. A continuación, se describe cada parte del proceso:

Declaración del Modelo y Configuración del Layout:

- En esta sección, se especifica el modelo que se utilizará en la vista, que en este caso es **LlavePrimaria.Models.Categoria**. Asimismo, se define el título de la página mediante ViewData y se establece el LayOut compartido que la vista usará.

```
@model LlavePrimaria.Models.Categoria
@{
    ViewData["Title"] = "Crear categoría múltiple";
    Layout = "~/Views/Shared/_Layout.cshtml";
}
```

Encabezado y Formulario HTML:

- Se añade un encabezado centrado con el texto **"Crear múltiples categorías"**. A continuación, se inicia un formulario que utiliza el método **POST** y se vincula a la acción **CrearMultipleOpcionFormulario** del controlador correspondiente. El formulario incluye una validación de resumen para mostrar posibles errores de validación.

```html
<br />
<br />
<h3 class="text-center">Crear múltiples categorías</h3>
<form method="post" asp-action="CrearMultipleOpcionFormulario">
    <div class="row">
        <div asp-validation-summary="ModelOnly" class="text-danger"></div>
        <div class="col-12 mt-4">
```

Bucle para Crear Múltiples Campos de Entrada:

- Mediante un bucle **for**, se generan cinco conjuntos de campos de entrada para **NombreCategoria** y **DescripcionCategoria**. Cada conjunto está compuesto por un **label** y un **input** correspondiente, con sus respectivas validaciones. Cada iteración del bucle crea una nueva fila con los campos necesarios, proporcionando un diseño limpio y ordenado.

```html
@for (int i = 0; i < 5; i++)
{
    <div class="row mb-4">
        <div class="col-4">
            <label asp-for="NombreCategoria"></label>
        </div>
        <div class="col-6">
            <input asp-for="NombreCategoria" class="form-control" />
            <span asp-validation-for="NombreCategoria"
                class="text-danger"></span>
        </div>

        <div class="col-4">
            <label asp-for="DescripcionCategoria"></label>
        </div>
        <div class="col-6">
            <input asp-for="DescripcionCategoria"
                class="form-control" />
            <span asp-validation-for="DescripcionCategoria"
                class="text-danger"></span>
        </div>
    </div>
}
```

Botones de Navegación y Envío del Formulario:

- Al final del formulario, se añaden botones para navegar de regreso a la lista de categorías y para enviar el formulario. El botón de envío utiliza la clase **btn btn-primary** para aplicar estilos de Bootstrap y asegurar una apariencia consistente.

```
    </div>
  </div>

  <div class="row mt-4">
    <div class="col-3">
      <a asp-action="Index">Volver a lista</a>
    </div>
    <div class="col-5 offset-4">
      <button type="submit" class="btn btn-primary form-control">
      Crear M Categorías</button>
    </div>
  </div>

</form>
```

Funcionalidad de Inserción Múltiple

Para implementar la funcionalidad de inserción múltiple de categorías en la aplicación, primero nos dirigimos al controlador llamado **"CategoriasController.cs"**. En esta sección del curso, añadimos un método **HTTP POST** llamado **CrearMultipleOpcionFormulario** que se encarga de manejar la solicitud de inserción de múltiples categorías desde un formulario.

```csharp
[HttpPost]

public IActionResult CrearMultipleOpcionFormulario()
{
    // Recogemos los valores del formulario enviados mediante POST
    string NombreCategoria = Request.Form["NombreCategoria"];
    string DescripcionCategoria = Request.Form["DescripcionCategoria"];

    // Convertimos los valores separados por comas en listas limpias de categorías y descripciones
    var ListaCategorias = NombreCategoria.Split(new[] { "," }, StringSplitOptions.RemoveEmptyEntries)
                                    .Select(val => val.Trim())
                                    .ToList();

    var ListaDescripcionCategorias = DescripcionCategoria.Split(new[] { "." }, StringSplitOptions.RemoveEmptyEntries)
                                              .Select(val => val.Trim())
                                              .ToList();

    // Creamos una lista para almacenar objetos de tipo Categoria
    List<Categoria> categorias = new List<Categoria>();

    // Iteramos sobre las listas de categorías y descripciones para crear objetos Categoria
    for (int i = 0; i < ListaCategorias.Count; i++)
    {
        categorias.Add(new Categoria
        {
            NombreCategoria = ListaCategorias[i],
            DescripcionCategoria = ListaDescripcionCategorias[i]
        });
    }

    // Agregamos las nuevas categorías a la base de datos y guardamos los cambios
    _contexto.categorias.AddRange(categorias);
    _contexto.SaveChanges();

    // Redirigimos al usuario a la acción Index del controlador actual
    return RedirectToAction(nameof(Index));
}
```

Explicación del Código:

- **HttpPost Attribute:** Este método está marcado con **[HttpPost],** indicando que responde a solicitudes **HTTP POST.**
- **Recogida de Datos:**
  - Se obtienen los valores del formulario:
    - **NombreCategoria** y **DescripcionCategoria** enviados desde la vista.
- **Separación y Limpieza de Datos:**
  - Los valores de **NombreCategoria** se separan usando comas como delimitador y se limpian de espacios adicionales.
  - Similarmente, las descripciones se separan usando puntos como delimitador.
- **Creación de Objetos Categoria:**
  - Se itera sobre las listas de **nombres** y **descripciones** para crear objetos Categoria con los valores correspondientes.
- **Persistencia en la Base de Datos:**
  - Las nuevas categorías se añaden al contexto de base de datos **_contexto** y se guardan usando **_contexto.SaveChanges ().**
- **Redirección:**
  - Una vez completada la inserción, se redirige al usuario a la acción **Index** del controlador actual.

Ejecución con Ejemplos:

Al ejecutar este método con los siguientes valores:

- **Electrónica**: Dispositivos tecnológicos y accesorios modernos.
- **Ropa**: Moda para todas las edades y géneros.
- **Hogar**: Artículos para cocina, baño y decoración.
- **Juguetes**: Entretenimiento y diversión para niños.
- **Alimentos**: Productos frescos, enlatados y gourmet.

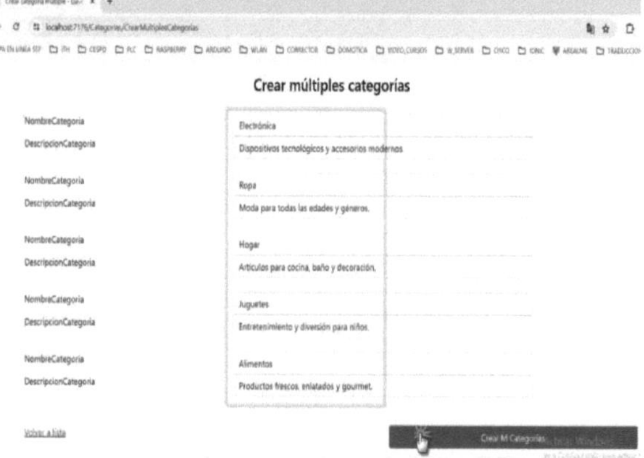

Podremos observar, que se han guardado en la base de datos, el nombre y la descripción

48	48	Categoria 48	Descripción de la categoría 48
49	49	Categoria 49	Descripción de la categoría 49
50	50	Categoria 50	Descripción de la categoría 50
51	53	Electronica	Productos electronicos tales como computadoras, telefonos celulares, televisores
52	54	Ropa	De tipo deportiva
53	56	Electrónica	Dispositivos tecnológicos y accesorios modernos
54	57	Ropa	,Moda para todas las edades y géneros
55	58	Hogar	,Artículos para cocina, baño y decoración
56	59	Juguetes	,Entretenimiento y diversión para niños
57	60	Alimentos	,Productos frescos, enlatados y gourmet

[READ & UPDATE] Leer y Actualizar un Registro en un Controlador en ASP.NET Core

En el desarrollo de aplicaciones web utilizando **ASP.NET Core**, es fundamental implementar métodos que permitan la **lectura** y **actualización** de registros en la base de datos.

A continuación, se presenta una explicación sobre cómo lograr esta funcionalidad.

Dirigirse al Archivo del Controlador
- Primero, debemos ubicarnos en el archivo **CategoriasController.cs**, el cual actúa como el controlador encargado de manejar las operaciones relacionadas con las categorías en nuestra aplicación.

Crear el Método para Editar
- Dentro del archivo **CategoriasController.cs,** procederemos a crear un método denominado **Editar**. Este método será responsable de gestionar la solicitud para editar un registro específico de la base de datos. A continuación se muestra el código necesario para la creación del método:

```csharp
// Crear el método para editar
public IActionResult Editar(int? id) {

    // Validar si el id es nulo
    if (id == null) {
        return View();
    }

    // Buscar la categoría correspondiente en la base de datos
    var categoria = _contexto.categorias.FirstOrDefault(
                        c => c.CategoriaId == id);

    // Retornar la vista con el objeto categoría
    return View(categoria);
}
```

Explicación del Código

- **Firma del Método:** El método **Editar** es un método **público** que **retorna** un objeto **IActionResult**. Toma un parámetro opcional **id** de tipo **int?**, que representa el identificador de la categoría que se desea editar.
- **Validación del ID:** La primera instrucción dentro del método verifica si el id es nulo. Si el id es nulo, se retorna una vista vacía. Esto se hace para manejar casos donde el identificador no sea proporcionado, evitando así errores en tiempo de ejecución.
- **Búsqueda del Registro:** Si el id no es nulo, se busca en el contexto de la base de datos la categoría correspondiente cuyo **CategoriaId** coincida con el id proporcionado. Para esto, se utiliza el método **FirstOrDefault**, que retorna el primer elemento que cumple con la condición especificada, o null si no se encuentra ningún elemento.
- **Retorno de la Vista:** Finalmente, se retorna la vista asociada, pasando como modelo el objeto categoria encontrado. Esto permite que la vista tenga acceso a los datos de la categoría para su edición.

Crear la Vista para Editar

- Después de haber definido el método Editar, es necesario crear la vista correspondiente en Razor para permitir la edición de la categoría. Para esto, realizaremos los siguientes pasos:
  1. **Posicionarse sobre el Nombre del Método:** Colocamos el cursor sobre el nombre del método Editar.
  2. **Clic Derecho del Mouse:** Pulsamos el botón derecho del mouse y seleccionamos la opción para agregar una nueva vista.
  3. **Seleccionar Vista de Razor Vacía:** Elegimos una vista de Razor vacía y la nombramos como Editar.

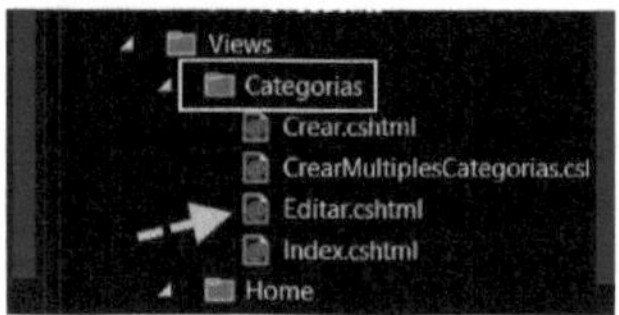

Estructura HTML: Editar.cshtml

En esta sección, se detalla la creación y el funcionamiento de una página de edición en ASP.NET Core utilizando Razor, que es un motor de vistas para generar contenido HTML dinámico. Esta página permite la edición de una entidad denominada **"Categoría"** dentro de una aplicación web.

Declaraciones Iniciales y Configuración del Modelo

- **@model LlavePrimaria.Models.Categoria:** Esta línea específica que la vista usará un modelo del tipo **Categoria**. Esto permite que los elementos de la vista accedan a las propiedades de dicho modelo.
- Dentro del bloque @ {}, se establece el título de la página mediante **ViewData ["Title"]**, y se define un diseño de página compartido (**_Layout.cshtml**) que incluye elementos comunes como el encabezado, pie de página y menús de navegación.

```
@model LlavePrimaria.Models.Categoria
```

```
@{
    ViewData["Title"] = "Editar categoría";
    Layout = "~/Views/Shared/_Layout.cshtml";
}
```

Encabezado y Formulario

- **h3:** Título de la sección, centrado y descriptivo de la acción que se realizará ("Editar una categoría").
- **<form method="post" asp-action="Editar">:** El formulario utiliza el método **POST** para enviar los datos al servidor. El atributo **asp-action="Editar"** indica que los datos del formulario se enviarán al método **Editar** del controlador.
- **<input type="hidden" asp-for="CategoriaId" />:** Campo oculto que contiene el identificador único de la categoría que se está editando. Esto es crucial para identificar el registro específico a modificar.

```
<br />
<br />
<h3 class="text-center">Editar una categoría</h3>
<form method="post" asp-action="Editar">
    <!--Importante para editar-->
    <input type="hidden" asp-for="CategoriaId" />
```

Validaciones y Campos Del Formulario

- **<div asp-validation-summary="ModelOnly" class="text-danger"></div>:** Este elemento mostrará un resumen de los errores de validación del modelo.
- Estructura de filas y columnas (**row y col-**) para organizar el diseño del formulario.
- **<label asp-for="NombreCategoria"></label>:** Genera una etiqueta vinculada al campo **NombreCategoria** del modelo.
- **<input asp-for="NombreCategoria" class="form-control" />:** Campo de entrada para NombreCategoria, con la clase **form-control** para aplicar estilos de Bootstrap.
- **<span asp-validation-for="NombreCategoria" class="text-danger"></span>:** Muestra mensajes de validación específicos para NombreCategoria.

```
<div class="row">
    <div asp-validation-summary="ModelOnly" class="text-danger"></div>
    <div class="col-12 mt-4">
        <div class="row">
            <div class="col-4">
                <label asp-for="NombreCategoria"></label>
            </div>
            <div class="col-8">
                <input asp-for="NombreCategoria" class="form-control" />
                <span asp-validation-for="NombreCategoria"
                      class="text-danger"></span>
            </div>
        </div>
```

Descripción de Categoria

```
        <div class="row">
            <div class="col-4">
                <label asp-for="DescripcionCategoria"></label>
            </div>
```

```
            <div class="col-8">
                <input asp-for="DescripcionCategoria" class="form-control" />
                <span asp-validation-for="DescripcionCategoria"
                    class="text-danger"></span>
            </div>
        </div>
```

Campo de Estado Activo

- Etiqueta y campo de entrada de tipo radio para seleccionar el estado **Activo** o **Inactivo** de la **categoría**.
- Cada opción (Inactivo y Activo) está asociada al modelo Activo y su valor correspondiente (**false** y **true**).
- **<span asp-validation-for="Activo" class="text-danger"></span>:**
  - Muestra errores de validación específicos para el campo Activo.

```
<div class="row">
    <div class="col-4">
        <label asp-for="Activo"></label>
    </div>
    <div class="col-8">
        <p>
            <input type="radio"
                asp-for="Activo" value="false" />
            Inactivo
        </p>
        <span asp-validation-for="Activo"
            class="text-danger"></span>
        <p>
            <input type="radio"
                asp-for="Activo" value="true" />
            Activo
        </p>
        <span asp-validation-for="Activo"
            class="text-danger"></span>
    </div>
</div>
```

Botones de Acción

- Botón de enlace para regresar a la lista de categorías (**asp-action="Index"**).
- Botón de envío (**submit**) con estilos de Bootstrap (**btn btn-primary form-control**) para enviar el formulario.

```
<div class="row mt-4">
    <div class="col-3">
        <a asp-action="Index">Volver a lista</a>
    </div>
    <div class="col-5 offset-4">
        <button type="submit"
            class="btn btn-primary form-control">Editar</button>
         
    </div>
</div>
```

Ejecutar

- Para ejecutar esta acción, primero debemos seleccionar la opción de **"Edición"** mediante un clic.

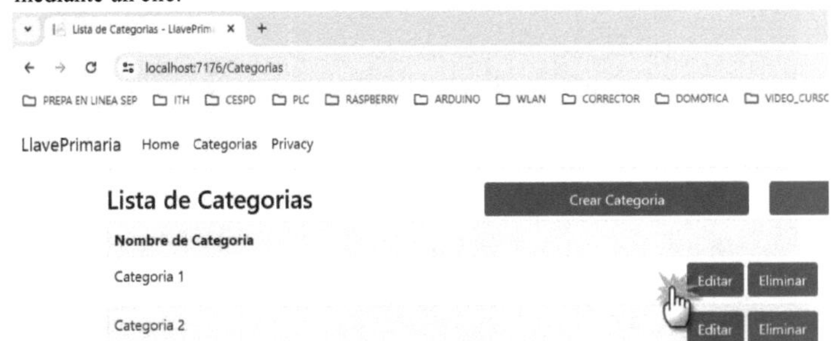

Al hacerlo, se desplegará un menú que nos permitirá modificar diversos atributos de la categoría seleccionada.

- Entre estas opciones, se encuentran la posibilidad de cambiar el estado de la categoría y de modificar su nombre. Esta funcionalidad es esencial para mantener la información actualizada y precisa, asegurando que las categorías reflejen de manera fiel su propósito y contenido.

Método Editar

- El método Editar es un componente crucial dentro de un controlador en una aplicación ASP.NET Core MVC. Este método se encarga de procesar las solicitudes de edición de una entidad Categoria y se adhiere a las mejores prácticas en el manejo de peticiones HTTP POST, así como a la validación de datos.

```csharp
//Crear el método para generar la funcionalidad para Editar
[HttpPost]
[ValidateAntiForgeryToken]

public IActionResult Editar(Categoria categoria) {

    if (ModelState.IsValid) {
        _contexto.categorias.Update(categoria);
        _contexto.SaveChanges();
        return RedirectToAction(nameof(Index));
    }

    return View(categoria);

}
```

Decoradores [HttpPost] y [ValidateAntiForgeryToken]:

- **[HttpPost]:** Este atributo indica que el método Editar responderá únicamente a solicitudes HTTP POST. En el contexto de una aplicación web, las solicitudes POST son típicamente usadas para enviar datos al servidor para su procesamiento, como en el caso de la edición de una entidad.
- **[ValidateAntiForgeryToken]:** Este atributo es crucial para prevenir ataques de falsificación de solicitudes entre sitios (CSRF). Al aplicar esta validación, se asegura que el formulario que envía los datos al método Editar sea generado por la misma aplicación, protegiendo así la integridad de los datos y la seguridad del usuario.

Firma del Método:

- **public IActionResult Editar (Categoria categoria):** Este método es público y devuelve un objeto de tipo **IActionResult**, lo que permite una flexibilidad en las respuestas que el método puede retornar. Recibe un parámetro de tipo Categoria, que representa la entidad a editar.

Validación del Modelo:

- **if (ModelState.IsValid):** Antes de proceder con la actualización de la entidad, se verifica que el estado del modelo sea válido. **ModelState.IsValid** es una propiedad que comprueba si los datos del modelo cumplen con todas las validaciones definidas, tales como restricciones de longitud, formato, entre otras. Si el estado del modelo es válido, significa que los datos pueden ser procesados sin riesgo de inconsistencias o errores.

Actualización de la Entidad:

- **_contexto.categorias.Update(categoria);:** Aquí, el contexto de la base de datos (**_contexto**) es utilizado para actualizar la entidad **Categoria** en el conjunto de **categorías**.

El método **Update** marca la entidad como modificada, preparando el contexto para aplicar los cambios en la base de datos.

- **_contexto.SaveChanges();:** Este método guarda todos los cambios realizados en el contexto de la base de datos de manera persistente. Es una operación crucial que asegura que las modificaciones se reflejen en la base de datos.

Redirección y Retorno de la Vista:
- **return RedirectToAction(nameof(Index));:** Si la actualización y guardado son exitosos, el método redirige al usuario a la acción Index. nameof (Index) es una forma segura y refactorizable de referenciar el método Index sin utilizar cadenas de texto literales.
- **return View(categoria);:** Si el estado del modelo no es válido, se retorna la vista original con la entidad Categoria, permitiendo al usuario corregir los errores de validación y volver a intentarlo.

Al ejecutar y aplicar modificaciones en la categoría y la descripción, al presionar el botón de guardar, observamos que los cambios se efectúan de manera exitosa.

Nos dirigiremos hacia la base de datos y consultaremos la tabla categoria, en donde observaremos los cambios aplicados.

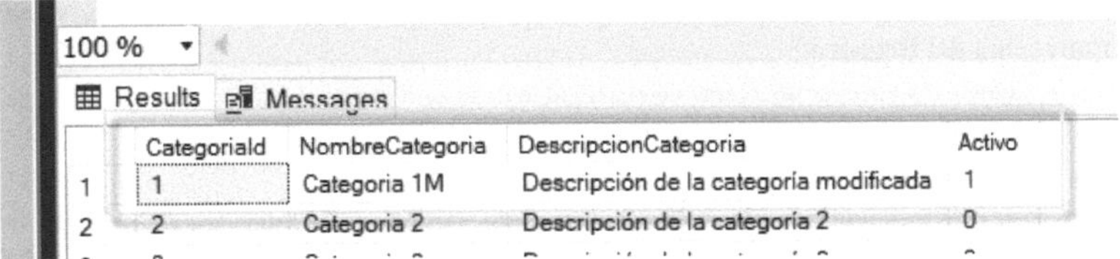

	Categoriald	NombreCategoria	DescripcionCategoria	Activo
1	1	Categoria 1M	Descripción de la categoría modificada	1
2	2	Categoria 2	Descripción de la categoría 2	0

[DELETE] Borrado Individual de Registros en ASP.NET Core MVC

- En el desarrollo de aplicaciones web con ASP.NET Core MVC, una funcionalidad esencial es la capacidad de eliminar registros de manera individual de una base de datos. Este proceso se implementa mediante la creación de métodos en los controladores que interactúan con el contexto de datos de Entity Framework. A continuación, se detalla el procedimiento para añadir un método de eliminación en el controlador **CategoriasController.cs.**

Creación del Método Eliminar

- Para implementar la funcionalidad de borrado, se debe crear un nuevo método dentro del controlador CategoriasController.cs. Este método será responsable de localizar el registro correspondiente en la base de datos y eliminarlo. El código del método es el siguiente:

```csharp
public IActionResult Eliminar(int id) {

    var categoria = _contexto.categorias.FirstOrDefault(
                          c => c.CategoriaId == id);

    _contexto.categorias.Remove(categoria);
    _contexto.SaveChanges();
    return RedirectToAction(nameof(Index));

}
```

Firma del Método:

- **public:** El método es accesible desde otras partes de la aplicación.
- **IActionResult:** El método devuelve un resultado de acción que indica la respuesta a la solicitud del cliente.
- **Eliminar (int id):** El método toma un parámetro id de tipo int, que representa el identificador del registro a eliminar.

Búsqueda del Registro:

- **var categoria:** Se declara una variable categoria que almacenará el resultado de la búsqueda.
- **_contexto.categorias:** Se accede al conjunto de categorías del contexto de datos.
- **FirstOrDefault(c => c.CategoriaId == id):** Se busca el primer registro cuyo **CategoriaId** coincida con el **id** proporcionado. Si no se encuentra ningún registro, se devuelve null.

Eliminación del Registro:

- **_contexto.categorias.Remove (categoria):** Se elimina el registro encontrado de la base de datos.

Guardado de Cambios:

- **_contexto.SaveChanges ():** Se guardan los cambios realizados en el contexto de datos, persistiendo así la eliminación en la base de datos.

Redirección

- **RedirectToAction (nameof (Index)):** Tras la eliminación, el método redirige al usuario a la acción Index, que típicamente muestra la lista actualizada de registros.

Para llevar a cabo la eliminación de registros en nuestro sistema, procederemos a ejecutar la acción correspondiente. Seguidamente, identificaremos y seleccionaremos el botón etiquetado como "Eliminar".

- Al pulsar sobre dicho botón, se iniciará el proceso de eliminación, permitiéndonos remover los registros seleccionados de manera eficiente y segura.

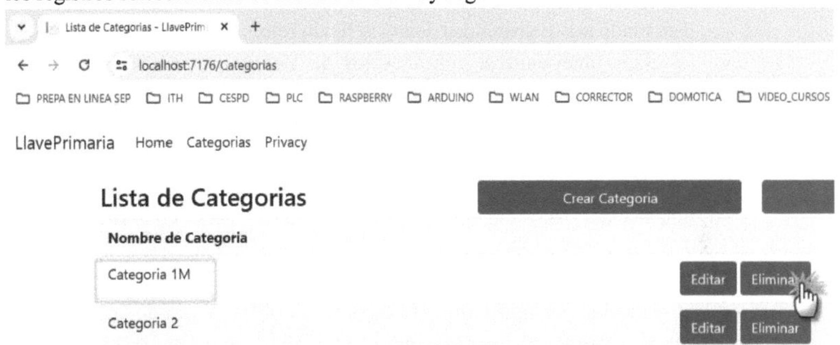

- De manera inmediata podremos observar que se ha registrado la eliminación

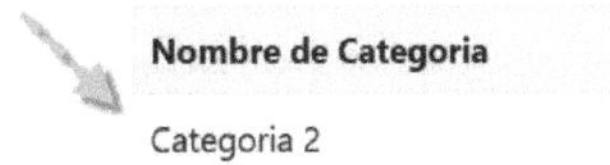

[DELETE]Borrar registros Múltiples

- Para llevar a cabo la tarea indicada, nos dirigiremos al archivo denominado "Index.cshtml". En este archivo, procederemos a la creación de un botón con la siguiente estructura:

```html
<a asp-action="BorrarMultiplesRegistros"
   class="btn btn-danger text-white form-control"
   aria-label="Eliminar Multiples Categorias">Eliminar Múltiples Categorías</a>
```

Etiqueta <a>:
- La etiqueta **<a>** se utiliza en **HTML** para definir un hipervínculo. Sin embargo, en el contexto de Razor Pages y ASP.NET Core, esta etiqueta puede ser configurada para actuar como un botón que desencadena una acción del controlador.

Atributo asp-action:
- El atributo **asp-action="BorrarMultiplesRegistros"** indica que, al hacer clic en este enlace, se ejecutará la acción denominada **"BorrarMultiplesRegistros"** dentro del controlador correspondiente. Este atributo forma parte del conjunto de etiquetas auxiliares de ASP.NET Core que facilitan la vinculación entre la vista y el controlador.

Clase CSS btn btn-danger text-white form-control:

- La clase **btn** es una clase básica de Bootstrap que estiliza el elemento como un botón.
- La clase **btn-danger** aplica un estilo específico de Bootstrap que típicamente se utiliza para denotar una acción de advertencia o eliminación, proporcionando un color rojo al botón.
- La clase **text-white** asegura que el texto dentro del botón sea de color blanco, mejorando así su visibilidad contra el fondo rojo.
- La clase **form-control** aplica estilos de Bootstrap que aseguran que el botón mantenga un tamaño y un espaciado apropiados dentro de formularios.

Atributo aria-label:

- El atributo **aria-label="Eliminar Multiples Categorias"** proporciona una etiqueta accesible para tecnologías de asistencia, como lectores de pantalla. Este atributo es fundamental para mejorar la accesibilidad, asegurando que los usuarios con discapacidades puedan comprender la función del botón.

Texto del botón:

- El contenido textual Eliminar Múltiples Categorías dentro de la etiqueta <a> es lo que se mostrará al usuario como el texto del botón. Este texto debe ser claro y descriptivo para indicar la acción que se llevará a cabo al interactuar con el botón.

Ejecutamos y podremos visualizar que se ha creado el botón de manera exitosa

Crear el Método: BorrarMultiplesRegistros

- Para la creación del método denominado **"BorrarMultiplesRegistros"** en el archivo **"CategoriasController.cs",** procederemos a añadir el siguiente bloque de código dentro de dicho archivo. Este método está diseñado para eliminar múltiples registros de la entidad **"Categoria"** en una sola operación. A continuación, se presenta una explicación detallada y técnica del proceso:

```csharp
// Método que permite borrar múltiples registros
[HttpGet]

public IActionResult BorrarMultiplesRegistros() {
    // Obtiene los primeros 5 registros de la tabla 'categorias' ordenados
    de manera descendente por 'CategoriaId'
    IEnumerable<Categoria> categorias = _contexto.categorias.OrderByDescending(
                                        c => c.CategoriaId).Take(5);

    // Elimina los registros seleccionados de la tabla 'categorias'
    _contexto.categorias.RemoveRange(categorias);
    // Guarda los cambios en la base de datos
    _contexto.SaveChanges();
```

```
// Redirige la acción al método 'Index'
    return RedirectToAction(nameof(Index));
}
```

Decorador [HttpGet]:
- El atributo **[HttpGet]** indica que este método responderá a solicitudes **HTTP GET**. Esto significa que se puede invocar este método mediante una petición **GET** a la **URL** correspondiente.

Firma del Método:
- **public IActionResult BorrarMultiplesRegistros ():** Este método es público y devuelve un objeto de tipo IActionResult, que es una interfaz utilizada para representar el resultado de una acción en un controlador de **ASP.NET Core MVC**.

Consulta a la Base de Datos:
- **IEnumerable<Categoria> categorias = _contexto.categorias.OrderByDescending(c => c.CategoriaId).Take(5);**
- Se crea una consulta LINQ para obtener una colección de objetos de tipo Categoria.
- La colección se obtiene de _contexto.categorias, donde _contexto es la instancia del contexto de la base de datos.
- Los registros se ordenan de manera descendente según el campo CategoriaId.
- Se seleccionan los primeros cinco registros de la colección ordenada utilizando el método Take (5).

Eliminación de Registros:
- _contexto.categorias.RemoveRange(categorias);
- Utilizando el método RemoveRange del contexto de la base de datos, se eliminan todos los registros contenidos en la colección categorias.

Guardado de Cambios:
- _contexto.SaveChanges();
- Este método asegura que los cambios realizados (es decir, la eliminación de registros) se persistan en la base de datos.

Redirección:
- return RedirectToAction(nameof(Index));
- Una vez completada la operación de eliminación, el método redirige la acción al método Index del mismo controlador. Esto se realiza utilizando el método RedirectToAction y pasando el nombre del método Index.

Ejecutar

Primero, localizaremos la opción designada como **"Eliminar Múltiples Categorías"**. Esta funcionalidad está diseñada para permitir la eliminación de varias categorías en una sola acción, optimizando así el proceso de gestión y manteniendo la base de datos ordenada y eficiente.
- Una vez pulsado el botón **"Eliminar Múltiples Categorías"**, el sistema ejecutará la acción de manera inmediata. Esto resultará en la eliminación instantánea de cinco categorías, las cuales desaparecerán de la lista de categorías gestionadas en el sistema. Este proceso no sólo

ahorra tiempo, sino que también reduce el margen de error humano al minimizar la cantidad de pasos necesarios para realizar la tarea.

Nos dirigiremos hacia la base de datos y podremos notar que se han removido 5 registros, por cada vez que pulsamos el botón

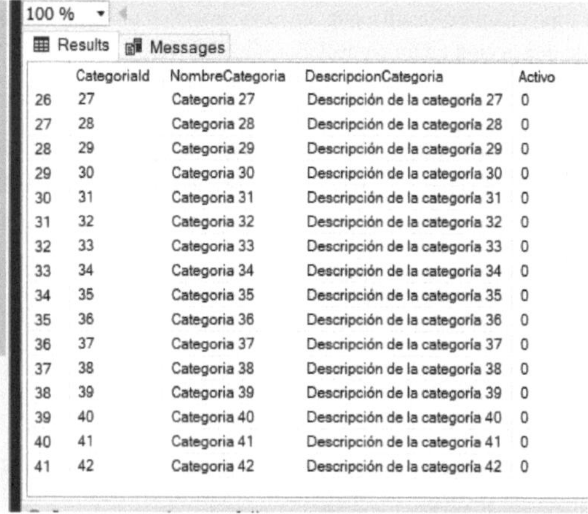

	CategoriaId	NombreCategoria	DescripcionCategoria	Activo
26	27	Categoria 27	Descripción de la categoría 27	0
27	28	Categoria 28	Descripción de la categoría 28	0
28	29	Categoria 29	Descripción de la categoría 29	0
29	30	Categoria 30	Descripción de la categoría 30	0
30	31	Categoria 31	Descripción de la categoría 31	0
31	32	Categoria 32	Descripción de la categoría 32	0
32	33	Categoria 33	Descripción de la categoría 33	0
33	34	Categoria 34	Descripción de la categoría 34	0
34	35	Categoria 35	Descripción de la categoría 35	0
35	36	Categoria 36	Descripción de la categoría 36	0
36	37	Categoria 37	Descripción de la categoría 37	0
37	38	Categoria 38	Descripción de la categoría 38	0
38	39	Categoria 39	Descripción de la categoría 39	0
39	40	Categoria 40	Descripción de la categoría 40	0
40	41	Categoria 41	Descripción de la categoría 41	0
41	42	Categoria 42	Descripción de la categoría 42	0

Filtrar Datos: Registros en la Tabla "Categoria"

Procedimiento para la Eliminación de una Base de Datos en un Sistema Gestor de Bases de Datos

1. La eliminación de una base de datos es una operación crítica que requiere precisión y un entendimiento adecuado del sistema gestor de bases de datos (SGBD) en uso. A continuación, se detalla el procedimiento para borrar una base de datos identificada como **"dbPk"**:

2. **Acceso al Sistema Gestor de Bases de Datos:** Inicie sesión en el sistema gestor de bases de datos utilizando sus credenciales administrativas. Asegúrese de tener los permisos necesarios para realizar operaciones de eliminación, ya que esta acción no puede deshacerse una vez completada.

3. **Selección de la Base de Datos:** Una vez autenticado en el SGBD, dirígete al panel de administración o al menú principal donde se listan las bases de datos disponibles. En esta interfaz, localiza la base de datos que desea eliminar, en este caso, identificada como **"dbPk"**.

4. **Acción de Eliminación:** Proceda a hacer clic sobre la base de datos **"dbPk"** para seleccionarla. Con la base de datos seleccionada, busque la opción denominada **"Delete"** o **"Eliminar"** en el menú contextual o en las opciones disponibles.

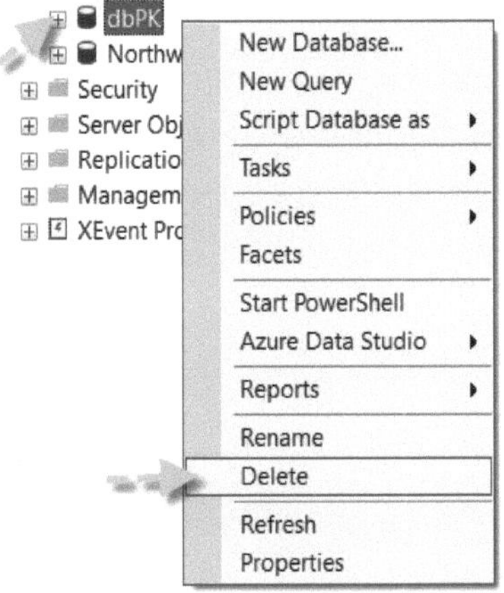

5. **Confirmación de la Eliminación:** Tras seleccionar la opción **"Delete",** el sistema generalmente solicitará una confirmación de su intención de eliminar la base de datos. Este paso es crucial para evitar eliminaciones accidentales. Confirme la operación siguiendo las indicaciones proporcionadas, que pueden incluir la entrada de una contraseña o la aceptación de un mensaje de advertencia.

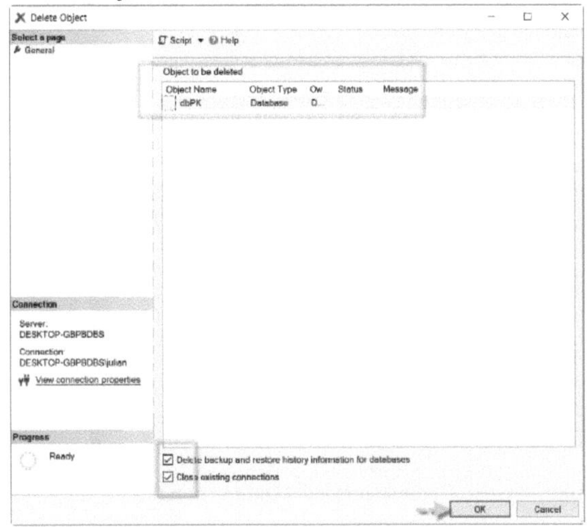

6. **Verificación:** Una vez confirmada la eliminación, el sistema procederá a borrar la base de datos **"dbPk"** de forma definitiva. Es recomendable verificar que la base de datos haya sido eliminada correctamente y que ya no esté disponible en el panel de administración del SGBD.

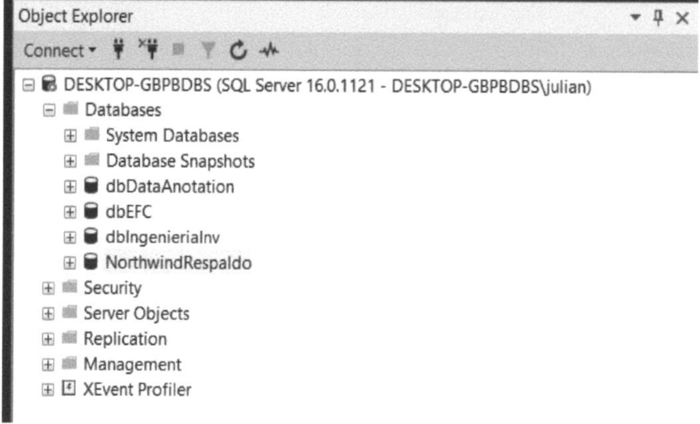

Modificación de la Clase "Categoria.cs"

- Para modificar la clase indicada como "Categoria.cs", es imperativo agregar un campo que permita almacenar la fecha de creación de cada instancia de esta clase. Este campo debe ser de tipo DateTime y se le debe aplicar una anotación de datos (Data Annotation) para especificar que el tipo de dato es una fecha. A continuación, se muestra cómo realizar esta modificación de manera técnica y precisa:
  - **Abrir el archivo "Categoria.cs":** Localiza y abre el archivo que contiene la definición de la clase Categoria.
  - **Agregar el campo FechaCreacion:** Dentro de la definición de la clase, añade un nuevo campo denominado FechaCreacion con el tipo de dato DateTime. A este campo se le aplicará una anotación de datos para especificar que su tipo es una fecha.

```csharp
using System;
using System.ComponentModel.DataAnnotations;

public class Categoria
{
    // Otros campos y propiedades existentes
    [Display(Name ="Activo")]
    public bool Activo { get; set; }

    [DataType(DataType.DateTime)]
    public DateTime FechaCreacion { get; set; }
}
```

- **Uso de using System.ComponentModel.DataAnnotations;:** Este **using** es necesario para utilizar las anotaciones de datos, en este caso, DataType.
- **Declaración del Campo FechaCreacion:** La nueva propiedad FechaCreacion de tipo **DateTime** se declara con la anotación **[DataType (DataType.Date)]**. Esta anotación indica que el campo FechaCreacion debe ser tratado como una fecha en

lugar de un **DateTime** genérico. Esto puede influir en cómo se procesa y se muestra la fecha en las vistas y formularios.

Aplicación de los Cambios: Migraciones
- Después de modificar la clase, es esencial actualizar la base de datos para reflejar estos cambios. Esto se logra mediante el uso de migraciones en el marco de trabajo Entity Framework. Aquí están los pasos para realizar la migración:
- **Agregar una nueva migración:** Utiliza la consola del administrador de paquetes (Package Manager Console) o la CLI de .NET para crear una nueva migración. En la consola del administrador de paquetes, ejecuta el siguiente comando:
  - Este comando generará un archivo de migración que incluirá las instrucciones necesarias para agregar el campo FechaCreacion a la tabla correspondiente en la base de datos.

```
Add-Migration crearBD
```

- **Actualizar la base de datos:** Una vez creada la migración, se debe aplicar para que los cambios surtan efecto en la base de datos. Ejecuta el siguiente comando en la consola del administrador de paquetes:

```
Update-Database
```

Nos dirigiremos, hacia el sistema gestor de base de datos, en donde podremos constatar que la hemos modificado la estructura de la Tabla y en este momento contiene el campo que hemos establecido en la clase

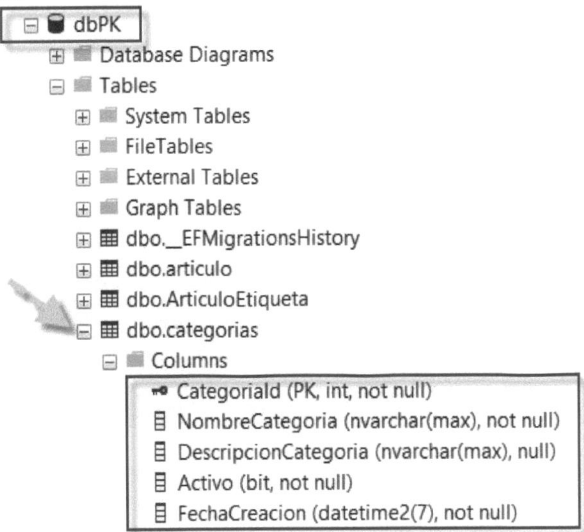

Modificación de la Estructura HTML en Archivos Razor (.cshtml)

- En esta sección, se abordará el proceso de modificación de la estructura HTML en dos archivos Razor, específicamente Index.cshtml y Crear.cshtml. Estos cambios se implementan para incluir la fecha de creación de una entidad llamada categoria.
  - **Modificación en el Archivo Index.cshtml**
    - El primer paso consiste en abrir el archivo **Index.cshtml**. Dentro de este archivo, buscaremos la tabla definida con la clase table table-striped border. La estructura de la tabla se modificará para incluir una nueva columna que mostrará la fecha de creación de cada categoría.
    - Ubique el código que define la tabla y realice las siguientes modificaciones:
    - En este fragmento de código, se añade una nueva cabecera <th> con el texto **"Fecha de Creación"**. Además, se incluye una nueva celda <td> que mostrará la fecha de creación de la categoría, accediendo a la propiedad **FechaCreacion** del objeto **categoria**.

```html
<table class="table table-striped border">

    <!-- Otras definiciones de encabezados -->
    <th>Fecha de Creación</th>

    <!-- Otras filas de datos -->
    <td>@categoria.FechaCreacion</td>

</table>
```

Modificación en el Archivo Crear.cshtml

- El siguiente paso es abrir el archivo Crear.cshtml, en el cual se añadirá un formulario para capturar la fecha de creación de una nueva categoría. Este formulario se estructurará utilizando el sistema de cuadrícula de Bootstrap para garantizar una presentación adecuada y responsiva.
  - **Inserte el siguiente código dentro del archivo Crear.cshtml:**

```html
<div class="row">
    <div class="col-4">
        <label asp-for="FechaCreacion"></label>
    </div>
    <div class="col-8">
        <input asp-for="FechaCreacion" class="form-control" />
        <span asp-validation-for="FechaCreacion" class="text-danger"></span>
    </div>
</div>
</div>
```

El código anterior genera una fila (**<div class="row">**) que contiene dos columnas.

- La primera columna (**<div class="col-4">**) incluye una etiqueta (**<label asp-for="FechaCreacion"></label>**) que enlaza con la propiedad FechaCreacion del modelo.
- La segunda columna (**<div class="col-8">**) contiene un campo de entrada (**<input asp-for="FechaCreacion" class="form-control" />**) y un elemento de validación (**<span asp-validation-for="FechaCreacion" class="text-danger"></span>**) que mostrará mensajes de error si la validación falla.

Para proceder con la creación de un nuevo registro en el sistema, primero localizaremos y seleccionaremos el botón etiquetado como **"Crear Categoria".**

Al realizar esta acción, se desplegará una vista, cuya estructura y contenido reflejarán las modificaciones que previamente hemos implementado.

- o Esta interfaz nos permitirá introducir y gestionar la información correspondiente de manera eficiente y organizada, conforme a las configuraciones personalizadas establecidas durante el proceso de configuración.
  - • Crearemos un registro y pulsaremos un clic sobre el botón que se identifica como **"Crear"**

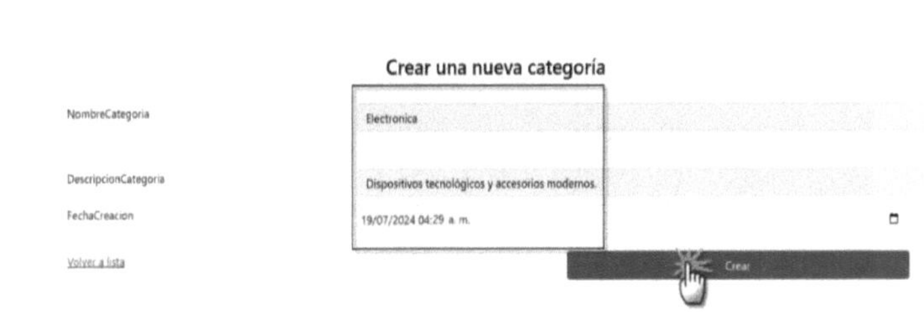

- o Al momento de regresar al index, podremos visualizar que se ha cargado el registro de la nueva categoria

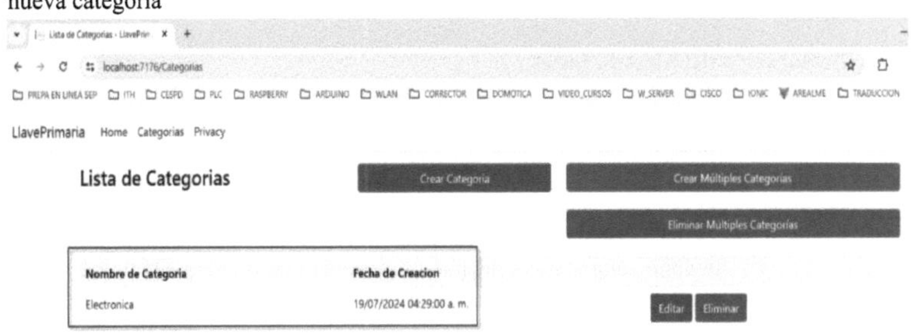

o Crear registros con múltiples fechas

Modificación del método Index

o En el archivo denominado **CategoriasController.cs,** se realiza una modificación en el método **Index ( )** del controlador para ajustar cómo se obtienen y muestran los datos de categorías. A continuación, se presenta una descripción técnica y detallada de los cambios realizados en el código:

```csharp
public IActionResult Index()
{
    // Creamos una fecha de comparación específica
    DateTime fechaComparacion = new DateTime(2024, 5, 1);

    // Filtramos la lista de categorías para incluir solo
    aquellas cuya fecha de Creación es mayor o igual a la fecha
    de comparación
    List<Categoria> ListaCategoria = _contexto.categorias
        .Where(f => f.FechaCreacion >= fechaComparacion)
        .ToList();

    // Devolvemos la vista con la lista de categorías filtradas
    return View(ListaCategoria);
}
```

Declaración del Método Index ( ):

- El método Index ( ) es una acción del controlador en ASP.NET Core MVC que se encarga de manejar las solicitudes HTTP y devolver una vista al usuario. En este caso, devuelve una lista de objetos Categoria a una vista para su presentación.

Creación de la Variable fechaComparacion:

- Se define una variable **fechaComparacion** de tipo **DateTime** que representa el **1 de mayo de 2024 (new DateTime (2024, 5, 1)).** Esta fecha se utiliza como referencia para filtrar las categorías que serán recuperadas de la base de datos.

Obtención y Filtrado de Datos:

- Se realiza una consulta a la base de datos a través del contexto **_contexto** para obtener una lista de objetos **Categoria**. La consulta utiliza el método **Where ( )**

para aplicar un filtro sobre la colección **categorias**. El filtro asegura que solo se incluyan las categorías cuya propiedad **FechaCreacion** sea **mayor o igual** a la fecha especificada en fechaComparacion.

- La función **ToList ( )** se usa para ejecutar la consulta y materializar los resultados en una lista de objetos Categoria, que se almacena en la variable ListaCategoria.

Devolución de la Vista:

- Finalmente, el método retorna una vista utilizando el método **View ( )**, pasando ListaCategoria como modelo. Esto permite que la vista asociada al método **Index** reciba la lista filtrada de categorías para su visualización.

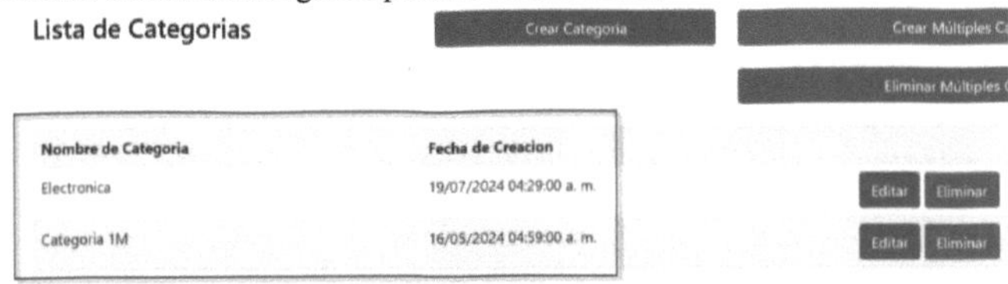

Ordenar Registros

o El objetivo principal es garantizar que los registros de categorías se presenten en un orden específico, lo cual facilita la consulta y análisis de datos por parte de los usuarios de la aplicación. Para lograr esto, se modificará la consulta de datos en el método **Index ( )** del controlador CategoriasController.

```
List<Categoria> ListaCategoria = _contexto.categorias
    .Where(f => f.FechaCreacion >= fechaComparacion)
    .OrderBy(f => f.FechaCreacion)
    .ToList();
```

Explicación:

- La modificación agrega un filtro a la consulta inicial. La expresión **Where (f => f.FechaCreacion >= fechaComparacion)** restringe los resultados a aquellos registros cuya fecha de creación (FechaCreacion) es mayor o igual a una fecha específica (fechaComparacion). Esto asegura que solo se incluyan en la lista aquellas categorías que cumplen con el criterio de fecha definido.

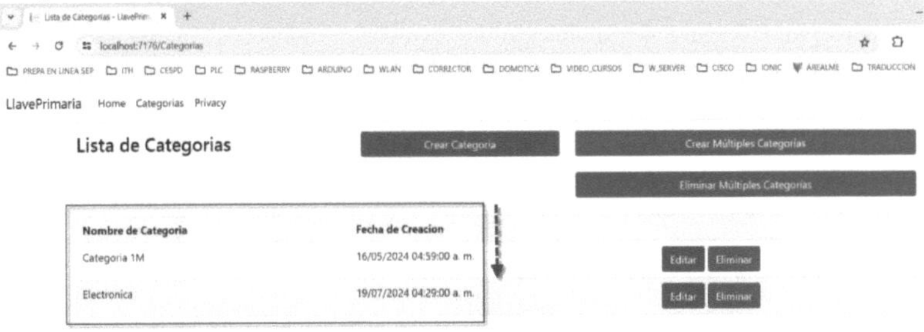

Selección de columnas

El fragmento de código proporcionado se encuentra dentro de un controlador de ASP.NET Core MVC y define una acción denominada Index. Esta acción se utiliza típicamente para responder a solicitudes HTTP GET y retornar una vista. A continuación, se desglosa el funcionamiento de este método de acción paso a paso:

```csharp
public IActionResult Index()
{
    //Seleccionaremos columnas especificas
    var categorias = _contexto.categorias.Where(n=>n.NombreCategoria =="Ropa")
    .Select(n=>n).ToList();

    return View(categorias);

}
```

Explicación del código:
- **var categorias:** Declara una variable categorias que almacenará el resultado de la consulta.
- **_contexto.categorias:** _contexto representa una instancia del contexto de la base de datos, la cual permite interactuar con las entidades y tablas definidas en el modelo de datos. categorias es una tabla o conjunto de entidades dentro del contexto.
- **.Where(n=>n.NombreCategoria =="Ropa"):** Aplica un filtro a la consulta. Utilizando la expresión lambda n => n.NombreCategoria == "Ropa", se seleccionan solo las categorías cuyo nombre sea "Ropa".
- **.Select(n=>n):** Selecciona las entidades filtradas. En este caso, se seleccionan todas las propiedades de las entidades resultantes.
- **.ToList ():** Ejecuta la consulta y convierte el resultado en una lista en memoria. Esto materializa la consulta, es decir, se obtiene una lista de objetos que cumplen con el criterio especificado.

Podremos observar, que nos retorna como resultado el registro que cumple con los criterios del filtro

Agrupación de registros

Para realizar una agrupación de registros en el contexto de desarrollo web con Razor Pages en ASP.NET Core, es fundamental entender cómo se estructuran los archivos y cómo se manejan los datos dinámicos en las vistas. A continuación, se presenta una guía detallada y formal para agregar una columna que muestre el estado de una categoría en un archivo de vista denominado **"Index.cshtml"**.

- Para mostrar el estado de una categoría, necesitamos modificar la tabla HTML en la vista "Index.cshtml". Específicamente, vamos a agregar un encabezado de columna y una celda que muestre el valor del atributo Activo de cada objeto categoria.
  - Este elemento **<th>** se coloca dentro del **<thead>** de la tabla. Define el encabezado de la nueva columna que estamos agregando, la cual se denomina "Estatus".
  - Este elemento **<td>** se coloca dentro del **<tbody>** de la tabla. Aquí, **@categoria**.Activo es una expresión Razor que evalúa y muestra el valor del atributo Activo del objeto categoria. Si Activo es un valor booleano, se mostrará como **True** o **False**. Para una presentación más legible, podríamos realizar una conversión adicional, como se muestra a continuación:

La estructura básica de una tabla en HTML es la siguiente:

```html
<table>
    <thead>
        <tr>
            <th>Nombre</th>
            <th>Descripción</th>
            <!-- Aquí agregaremos el nuevo encabezado -->
            <th>Estatus</th>
        </tr>
    </thead>
    <tbody>
        @foreach (var categoria in Model.Categorias)
        {
        <tr>
            <td>@categoria.Nombre</td>
            <td>@categoria.Descripcion</td>
            <!-- Aquí agregaremos la nueva celda -->
            <td>@categoria.Activo</td>
        </tr>
        }
    </tbody>
</table>
```

Logrando un resultado como el siguiente

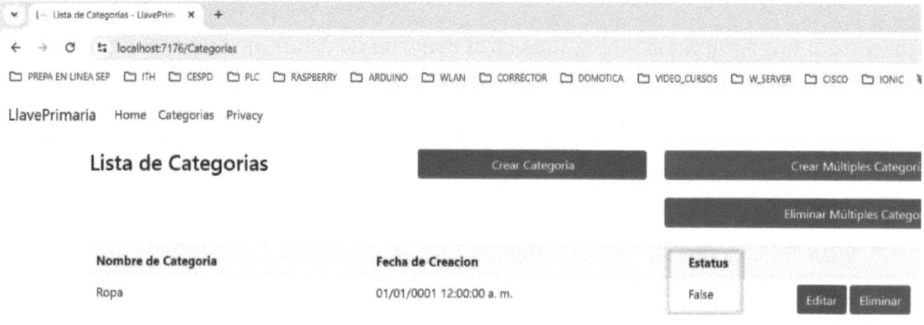

Modificar Crear.cshtml

El siguiente fragmento de código HTML representa una estructura de entrada de datos en un formulario web, implementado en un entorno ASP.NET Core con la ayuda de la etiqueta Razor. La finalidad de este código es permitir a los usuarios seleccionar un valor booleano, representado como "Activo", mediante un botón de opción (radio button). A continuación, se ofrece una explicación técnica y detallada de cada elemento presente en el código:

```html
<div class="row">
    <div class="col-4">
        <label asp-for="Activo"></label>
        <label asp-for="Inactivo"></label>
    </div>
    <div class="col-8">
        <input type="radio" asp-for="Activo" value="true" />
        <input type="radio" asp-for="Activo" value="false" />
        <span asp-validation-for="Activo" class="text-danger"></span>
    </div>
</div>
```

División en Filas y Columnas:
- **<div class="row">:** Esta etiqueta <div> define una fila en el diseño del formulario, utilizando el sistema de cuadrícula (grid system) de Bootstrap. La clase row es un componente esencial en Bootstrap para crear una estructura de rejilla responsiva.
- Dentro de esta fila, hay dos divisiones (**<div class="col-4">** y **<div class="col-8">**), que indican columnas con tamaños de 4 y 8 columnas respectivamente, sumando un total de 12 columnas, que es el valor máximo en el sistema de rejilla de Bootstrap.

Etiqueta de Descripción (Label):
- **<label asp-for="Activo"></label>:** La etiqueta <label> se utiliza para mostrar el nombre del campo **"Activo"**. La propiedad asp-for de Razor genera automáticamente el atributo for del elemento <label>, vinculándolo al campo del modelo especificado

(en este caso, **"Activo"**). Esto facilita la accesibilidad y mejora la experiencia del usuario.

Botón de Opción (Radio Button):

*   **<input type="radio" asp-for="Activo" value="false" />:** La etiqueta **<input>** de tipo radio crea un botón de opción para el campo **"Activo"**. La propiedad **asp-for** vincula este botón de opción al campo **"Activo"** del modelo, mientras que el atributo **value="false"** establece el valor del botón de opción como false. Esto permite a los usuarios seleccionar entre diferentes opciones booleanas (**true/false**).

Validación de Campo:

*   **<span asp-validation-for="Activo" class="text-danger"></span>:** La etiqueta **<span>** se utiliza para mostrar mensajes de validación relacionados con el campo **"Activo"**. La propiedad asp-validation-for de Razor asocia este **<span>** con el campo **"Activo"** del modelo, de modo que cualquier mensaje de error generado por la validación se mostrará dentro de este elemento. La clase **text-danger de Bootstrap** se aplica para resaltar el mensaje de error en rojo, indicando visualmente que se trata de un mensaje de advertencia o error.

Logrando un resultado como el siguiente

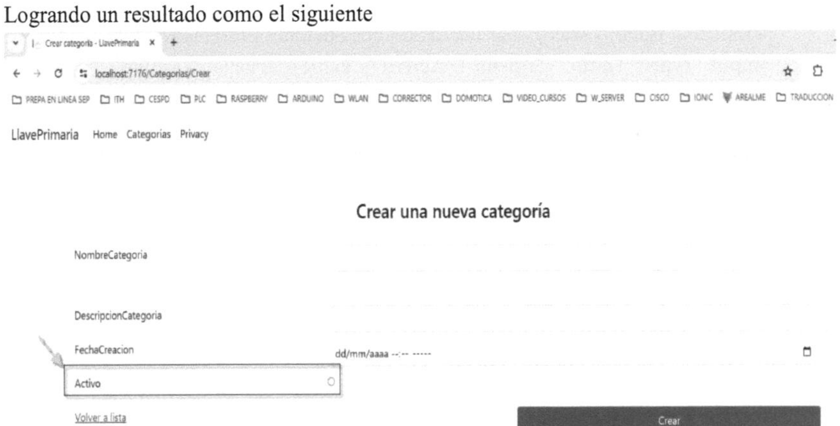

HTML con Etiquetas de ASP.NET Core

El fragmento de código presentado corresponde a una sección de una página web que utiliza el framework ASP.NET Core para generar un formulario de entrada. Este código emplea etiquetas HTML junto con etiquetas específicas de Razor, el motor de vistas de ASP.NET Core, para crear una interfaz de usuario interactiva. A continuación, se desglosa cada componente del código para entender su funcionalidad y propósito:

Estructura del Código

```
<div class="row">
    <div class="col-4">
        <label asp-for="Activo">Estatus</label>
    </div>
    <div class="col-8">
        <p><input type="radio" asp-for="Activo" value="true" />Activo</p>
        <p><input type="radio" asp-for="Activo" value="false" />Inactivo</p>

        <span asp-validation-for="Activo" class="text-danger"></span>
    </div>
</div>
```

- **Etiqueta (<label>):** La etiqueta <label asp-for="Activo">Estatus</label> está asociada con el campo de entrada correspondiente mediante el atributo asp-for. Este atributo es parte del motor de plantillas Razor y se utiliza para vincular la etiqueta con una propiedad del modelo de vista denominada Activo. Esto asegura que el texto de la etiqueta esté sincronizado con el campo de entrada asociado.

- **Botones de Opción (<input type="radio">):** Los botones de opción (radio buttons) permiten al usuario seleccionar una de las dos opciones presentadas. Los elementos **<input type="radio" asp-for="Activo" value="true" />Activo** y **<input type="radio" asp-for="Activo" value="false" />Inactivo** están diseñados para representar dos estados posibles para la propiedad Activo. El atributo asp-for vincula estos botones con la propiedad Activo del modelo de vista, y el atributo value establece el valor que se enviará al servidor cuando se selecciona cada opción.

Logrando un resultado como el siguiente

Agrupar: CategoriasController.cs

En el siguiente fragmento de código en C, se muestra una acción de un controlador en una aplicación ASP.NET MVC que tiene como objetivo obtener y preparar una lista de categorías agrupadas por su estado activo, y luego devolver esa lista a una vista para su presentación. A continuación, se ofrece una explicación del código:

```csharp
public IActionResult Index()
{
    var listaCategorias = _contexto.categorias
        .GroupBy(c => c.Activo)
        .Select(g => new
        {
            Activo = g.Key,
            Count = g.Count()
        })
        .ToList();

    return View(listaCategorias);
}
```

- Aquí, se está utilizando una instancia del contexto de datos (**_contexto**) para acceder a la colección de entidades categorías. El contexto de datos es una representación de la base de datos que permite realizar operaciones CRUD (Crear, Leer, Actualizar, Eliminar) sobre las entidades.
- La operación **GroupBy** agrupa las categorías basándose en el valor de la propiedad **Activo**. Esto significa que todas las categorías que comparten el mismo estado de actividad se agruparán en la misma colección dentro de un grupo.
- Después de agrupar los datos, la función Select proyecta cada grupo a un nuevo objeto anónimo que contiene dos propiedades:
  - **Activo:** el valor clave del grupo, que representa el estado de actividad.
  - **Count:** el número de categorías en cada grupo, obtenido mediante **g.Count ( )**.
- Finalmente, la colección de grupos proyectados se convierte en una lista utilizando **ToList ( )**. Esto convierte el resultado en una lista de objetos anónimos, facilitando su manipulación y presentación.
- La lista de categorías agrupadas es pasada a la vista **Index** mediante el método **View**. Este paso finaliza el proceso de preparación de datos, permitiendo que la vista acceda a la lista para renderizarla en la interfaz de usuario.

Ejecutaremos, haciendo uso de un punto de ruptura, con la finalidad de analizar los resultados

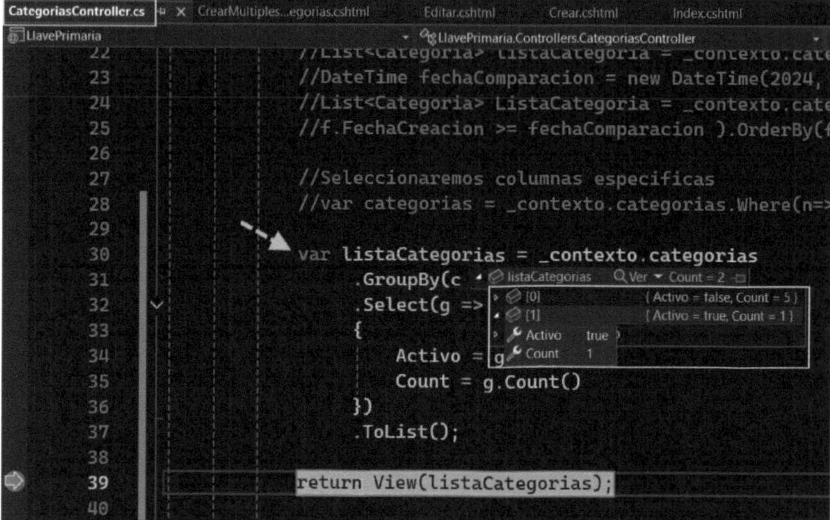

Podremos constatar el resultado que nos muestra, al momento de consultar la base de datos

	CategoriaId	NombreCategoria	DescripcionCategoria	Activo	FechaCreacion
1	1	Electronica	Dispositivos tecnológicos y accesorios modernos.	0	2024-07-19 04:29:00.0000000
2	2	Ropa	De tipo deportiva	0	0001-01-01 00:00:00.0000000
3	3	Electrónica y Tecnología	Dispositivos tecnológicos y accesorios modernos.	0	2024-04-17 04:58:00.0000000
4	4	Categoria 1M	Descripción de la categoría modificada	0	2024-05-16 04:59:00.0000000
5	5	Categoria 2M	Tipo 2 M	0	2024-07-21 14:45:00.0000000
6	6	Categoria 3M	Tipo 3 M	1	2024-07-21 22:46:00.0000000

Mostrar subconjunto de datos

El fragmento de código proporcionado es un método denominado Index, que forma parte de un controlador en una aplicación ASP.NET Core MVC. Este método tiene como propósito recuperar y mostrar un subconjunto de datos relacionados con las categorías desde la base de datos. A continuación, se desglosa el funcionamiento del método en detalle:

```csharp
public IActionResult Index()
{
    List<Categoria> listaCategorias = _contexto.categorias.Take(3).ToList();
    return View(listaCategorias);
}
```

Recuperación de Datos

- **_contexto:** Representa una instancia del contexto de base de datos, probablemente una clase derivada de DbContext que proporciona acceso a las entidades de la base de datos. El prefijo _ sugiere que es un campo privado de la clase que contiene el método.
- **_contexto.categorias:** Hace referencia al conjunto de entidades categorias en el contexto de datos. Aquí, categorias es una propiedad de tipo **DbSet<Categoria>,** que permite realizar operaciones CRUD (crear, leer, actualizar, eliminar) sobre la entidad Categoria.
- **Take (3):** Es un método de extensión LINQ que limita la consulta a los primeros 3 elementos del conjunto de resultados. Esto es útil para obtener una muestra o una cantidad específica de registros de la base de datos.
- **ToList ():** Convierte el resultado de la consulta a una lista de tipo **List<Categoria>.** Esto es necesario para materializar la consulta y obtener los datos en memoria, listos para su uso.

Devolución de la Vista

- **return:** Devuelve el resultado de la acción del controlador. En este caso, se devuelve una vista que se renderiza para el usuario.
- **View (listaCategorias):** Llama al método View, que es una sobrecarga que acepta un modelo de datos. Aquí, listaCategorias es pasado como el modelo a la vista correspondiente. Este modelo será utilizado por la vista para presentar los datos de las categorías al usuario.

Ejecutaremos y podremos visualizar el siguiente resultado

Nombre de Categoria	Fecha de Creacion	Estatus		
Electronica	19/07/2024 04:29:00 a. m.	False	Editar	Eliminar
Ropa	01/01/0001 12:00:00 a. m.	False	Editar	Eliminar
Electrónica y Tecnología	17/04/2024 04:58:00 a. m.	False	Editar	Eliminar

EJEMPLO PRÁCTICO: CREACIÓN Y PRUEBA DE UN WEB API RESTFUL EN C#

La creación y prueba de un Web API Restful en **C#** es un proceso que permite exponer datos y funcionalidades para su consumo en diversas aplicaciones. En este ejemplo práctico, el objetivo es desarrollar un Web API para gestionar un catálogo de productos. La primera etapa implica crear un proyecto en Visual Studio 2022 seleccionando la plantilla **ASP.NET Core Web API**. Se asigna un nombre al proyecto, como **CatalogoProductosAPI**, y se utiliza la versión más reciente de .**NET Core**. A continuación, se configura el modelo de datos definiendo una **clase Producto** con propiedades como *Id, Nombre, Precio y Categoría* dentro de una carpeta llamada **Models**.

I. **Crear el proyecto Web API**
    A. Abrir Visual Studio 2022.
    B. Crear un nuevo proyecto:
    - Selecciona **ASP.NET Core Web API** como plantilla.
    - Asigna un **nombre al proyecto**, como **CatalogoProductosAPI**.
    - Selecciona la última versión de .**NET Core disponible**.
    C. Haz clic en **Crear**.

II. **Configurar el modelo de datos**
    o Agregar una clase para el modelo de datos:
    o Crear una carpeta con el nombre **Models** y dentro de la carpeta crea un archivo llamado **Producto.cs**.
    o Define la clase con las siguientes **propiedades**:

```csharp
namespace CatologoProductosAPI.Models
{
    public class Producto
    {
        public int Id { get; set; }
        public string Nombre { get; set; }
        public decimal Precio { get; set; }
        public string Categoria { get; set; }
    }
}
```

III. Crear el controlador del API

El siguiente paso es crear un controlador que gestione las operaciones del API. **En la carpeta Controllers**, se define el archivo **ProductosController.cs**, el cual incluye las rutas y métodos necesarios para interactuar con los datos. Por ejemplo, se implementan métodos HTTP básicos como **GET, POST, PUT y DELETE.** El método GET devuelve una lista de productos o un producto específico según el ID. El método POST permite agregar nuevos productos asignándoles un ID único. El método PUT actualiza la información de un producto existente, mientras que el método DELETE elimina un producto basado en su ID.

- Identifica la carpeta con el nombre **Controllers** y dentro de la carpeta crea un archivo llamado **ProductosController.cs.**
- Define el **controlador** con las rutas básicas para gestionar el catálogo:

```csharp
using CatalogoAPI.Models;
using Microsoft.AspNetCore.Mvc;

namespace CatalogoAPI.Controllers
{
    // Define la ruta base para el controlador de la API.
    // En este caso, la ruta será "api/[Controller]", donde "[Controller]" se reemplazará automáticamente
    // Por el nombre del controlador (sin el sufijo "Controller").
    // Por ejemplo, si el nombre del controlador es "ProductController", la ruta base será "api/Product".
    [Route("api/Productos")]

    // Indica que este controlador es un controlador de API.
    // La anotación [ApiController] proporciona varias características automáticamente, como:
    // - Validación automática de modelos de entrada basados en las anotaciones de datos (Data Annotations).
    // - Respuestas automáticas de error 400 (Bad Request) cuando el modelo no cumple con los requisitos.
    // - Inferencia de fuentes de datos para parámetros de acciones (por ejemplo, [FromBody], [FromQuery], etc.).
    [ApiController]
    public class ProductosController : ControllerBase
    {
        // Declaración de una lista estática de productos, inicializada con datos de ejemplo.
        // Esta lista contiene objetos del tipo Producto.
        private static List<Producto> productos = new List<Producto>()
        {

            new Producto { Id=1, Nombre="Laptop", Precio=15000, Categoria="Electronica"},
            new Producto { Id=2, Nombre="Telefono", Precio=5000, Categoria="Electronica" },
            new Producto { Id=3, Nombre="Escritorio", Precio=10000, Categoria="Muebleria" }

        };

        /// Método HTTP GET que obtiene una lista de productos disponibles.
        /// Un objeto IActionResult que contiene un resultado HTTP 200 (Ok) con la lista de productos.
        [HttpGet]
        public ActionResult<IEnumerable<Producto>> GetProductos() {

            // Retorna una respuesta HTTP 200 (Ok) con la colección de productos almacenados en la variable "productos".
            return Ok(productos);

        }

        /// Método HTTP GET para obtener un producto específico por su ID.
        /// <param name="id">El identificador único del producto que se desea obtener.</param>
        /// Una respuesta HTTP que contiene el producto solicitado si se encuentra,
        /// o un código de error HTTP 400 (Bad Request) si no existe un producto con el ID proporcionado.
        [HttpGet("{id}")]
        public ActionResult<Producto> GetProducto(int id) {

            // Busca el producto en la lista 'productos' que coincida con el ID proporcionado.
            var productoEncontrado = productos.FirstOrDefault(x => x.Id == id);

            // Verifica si no se encontró ningún producto con el ID proporcionado.
            if (productoEncontrado==null)
```

```csharp
        {
            // Devuelve una respuesta HTTP 400 indicando que el producto no fue encontrado.
            return BadRequest();
        }

        // Si el producto fue encontrado, devuelve una respuesta HTTP 200 con el producto en el cuerpo.
        return Ok(productoEncontrado);
    }

    // Método HTTP POST para agregar un nuevo producto a la lista de productos
    [HttpPost]
    public ActionResult<Producto> PostProducto([FromBody] Producto nuevoProducto) {

        // Asignar un ID único al nuevo producto. El ID se genera como la cantidad actual de productos más uno.
        nuevoProducto.Id = productos.Count + 1;
        // Agregar el nuevo producto a la lista de productos
        productos.Add(nuevoProducto);

        // Devolver una respuesta HTTP 201 Created con la ubicación del recurso creado y el objeto del nuevo producto
        return CreatedAtAction(
            nameof(GetProducto), // Nombre de la acción que puede obtener el producto por su ID
            new { id= nuevoProducto.Id }, // Ruta con el ID del nuevo producto
            nuevoProducto); // Objeto del producto creado
    }


    // Define un método HTTP PUT para actualizar un producto existente basado en su ID.
    [HttpPut("{id}")]
    public IActionResult PutProducto(int id, [FromBody] Producto productoActualizado) {

        // Busca el producto en la colección 'productos' con el ID especificado.
        var productoLocalizado = productos.FirstOrDefault(x=>x.Id==id);

        // Si no se encuentra un producto con el ID dado, devuelve un código de estado HTTP 404 (Not Found).
        if (productoLocalizado==null)
        {
            return NotFound();
        }

        // Actualiza las propiedades del producto localizado con los valores del producto proporcionado.
        productoLocalizado.Nombre = productoActualizado.Nombre;
        productoLocalizado.Precio = productoActualizado.Precio;
        productoLocalizado.Categoria = productoActualizado.Categoria;

        // Devuelve un código de estado HTTP 204 (No Content) para indicar que la actualización fue exitosa.
        return NoContent();

    }


    // Indica que este método responde a solicitudes HTTP DELETE con un parámetro "id" en la ruta.
    [HttpDelete("{id}")]
    public IActionResult DeleteProducto(int id) {
        var productoLocalizar = productos.FirstOrDefault(x=>x.Id==id);

        // Verifica si no se encontró el producto con el ID especificado.
        if (productoLocalizar == null)
        {
            // Si el producto no existe, devuelve un estado HTTP 404 (No encontrado).
            return NotFound();
        }
        // Elimina el producto localizado de la colección 'productos'.
        productos.Remove(productoLocalizar);
        // Devuelve un estado HTTP 204 (Sin contenido) para indicar que la eliminación fue exitosa.
        return NoContent();
    }
  }
 }
}
```

IV.   Probar el API utilizando Swagger

Para probar el API, se puede utilizar Swagger, una herramienta que genera automáticamente una interfaz de usuario para interactuar con los endpoints. Al ejecutar la aplicación con F5, Swagger abre una página en el navegador donde se pueden probar las operaciones del API de manera interactiva.

Los endpoints incluyen rutas como https://localhost:5001/api/productos para obtener la lista de productos o https://localhost:5001/api/productos/2 para obtener los detalles de un producto específico.

A. Ejecuta la aplicación presionando **F5**.

B. Swagger abrirá automáticamente en el navegador:

- **(por ejemplo:** https://localhost:7236/swagger/index.html).

C. Prueba los endpoints (**GET, POST, PUT, DELETE**) directamente desde Swagger.

- Ejemplo:

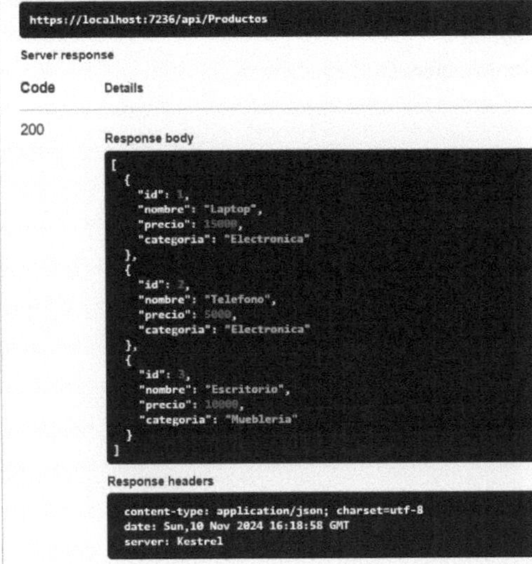

V. Probar el API utilizando Postman

Además, Postman es una herramienta versátil para probar APIs. Se configura una colección llamada CatalogoProductosAPI y se crean solicitudes para cada método. Por ejemplo, una solicitud GET al endpoint mencionado devolverá la lista de productos en formato JSON, mientras que un POST enviará un cuerpo en formato JSON para agregar un nuevo producto. Las pruebas con PUT y DELETE permiten actualizar y eliminar productos, respectivamente, verificando que los cambios se reflejen correctamente.

A. Abrir Postman y crear una nueva colección llamada **CatalogoProductosAPI**.
B. Configurar y probar los endpoints:
GET:
- **URL:** https://localhost:7236/api/productos

- **Método:** GET
- **Resultado esperado:** Lista de productos.

```json
[
    {
        "id": 1,
        "nombre": "Laptop",
        "precio": 15000,
        "categoria": "Electronica"
    },
    {
        "id": 2,
        "nombre": "Telefono",
        "precio": 5000,
        "categoria": "Electronica"
    },
    {
        "id": 3,
        "nombre": "Escritorio",
        "precio": 10000,
        "categoria": "Muebleria"
    }
]
```

GET **(por ID):**

- **URL:** https://localhost:7236/api/productos/2

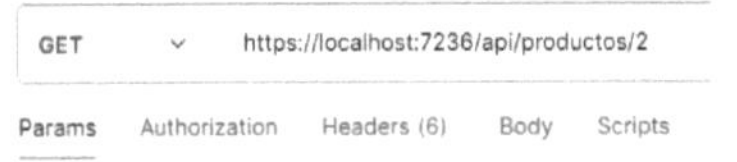

- **Método: GET**
- **Resultado esperado:** Detalles del producto con ID = 2.

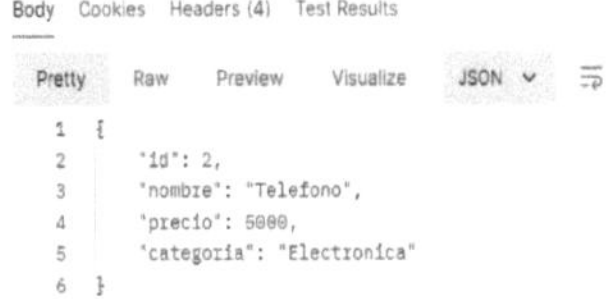

POST**:**

- **URL:** https://localhost:7236/api/productos
- **Método:** POST
- **Cuerpo (JSON):**

- **Resultado esperado:** Producto agregado con ID generado automáticamente

PUT:

- **URL:** https://localhost:5001/api/productos/4
- **Método:** PUT
- **Cuerpo (JSON):**

- **Resultado esperado:** Producto actualizado.

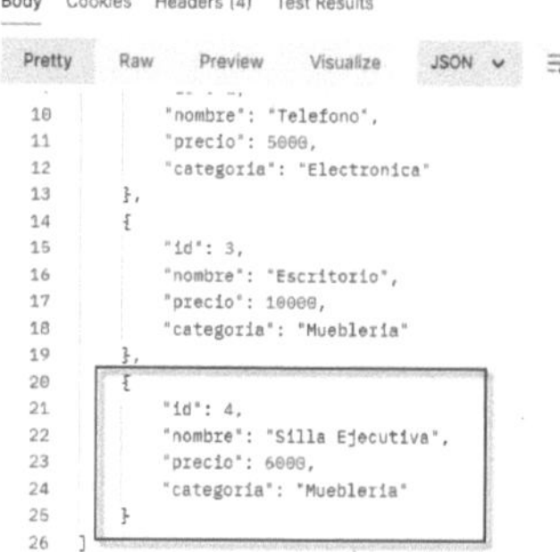

DELETE:

- **URL:** https://localhost:7236/api/productos/4
- **Método:** DELETE

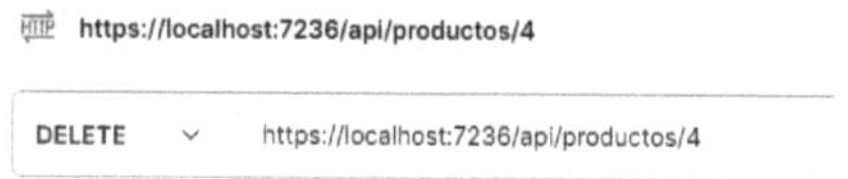

- **Resultado esperado:** Producto eliminado.

EJERCICIO PRÁCTICO: WEB API RESTFUL CON CONEXIÓN A SQL SERVER USANDO CODE FIRST

El ejercicio práctico "Web API Restful con conexión a SQL Server usando Code First" tiene como objetivo desarrollar una API Restful que permita administrar un catálogo de productos. Para lograrlo, se implementa el patrón "Code First" con Entity Framework Core, lo que facilita la creación de la base de datos a partir de clases de C#. El proceso comienza con la creación del proyecto en Visual Studio 2022, seleccionando la plantilla ASP.NET Core Web API y configurando el entorno para trabajar con la última versión de .NET Core. Posteriormente, se instalan los paquetes necesarios de Entity Framework Core mediante la consola de administrador de paquetes. Estos paquetes permiten interactuar con bases de datos SQL Server y realizar migraciones.

I. CREAR EL PROYECTO WEB API

- Abre Visual Studio 2022.
- Crea un nuevo proyecto:
  - Selecciona **ASP.NET Core Web API** como plantilla.
    - Asigna un nombre, por ejemplo, **CrudAPI**.
  - Elige la última versión de **.NET Core.**
- Haz clic en **Crear**.

II. INSTALAR LOS PAQUETES NECESARIOS Y CONFIGURAR

1) Abre la consola del administrador de paquetes de Visual Studio:

   Tools > NuGet Package Manager > Package Manager Console

2) Instala los siguientes paquetes:

```
Install-Package Microsoft.EntityFrameworkCore
Install-Package Microsoft.EntityFrameworkCore.SqlServer
Install-Package Microsoft.EntityFrameworkCore.Tools
```

3) Configurar el modelo de datos (Code First)

Una vez configurados los paquetes, se define el modelo de datos creando una clase Producto que contiene propiedades básicas como Id, Nombre, Precio y Categoría. Esta clase se ubica en la carpeta Models. A continuación, se configura el contexto de datos en la carpeta Data, donde la clase Contexto hereda de DbContext y expone la colección Productos como un DbSet. En el archivo appsettings.json, se añade una cadena de conexión que especifica los detalles del servidor SQL y la base de datos.

- **Crea una carpeta** llamada **Models** y dentro de ella, crea un archivo **Producto.cs:**

```
namespace CrudAPI.Models
```

```csharp
    {
        // Definimos la clase Producto que representa los detalles de un producto
        public class Producto
        {
            // Propiedad que almacena el identificador único del producto
            public int Id { get; set; }
            // Propiedad que almacena el nombre del producto
            public string Nombre { get; set; }
            // Propiedad que almacena el precio del producto
            public decimal Precio { get; set; }
            // Propiedad que almacena la categoría del producto
            public string Categoria { get; set; }
        }
    }
```

4) Crea otra carpeta llamada **Data** y dentro de ella, un archivo **Contexto.cs**:

```csharp
// Importamos los modelos que representan las entidades de datos.
using CrudAPI.Models;

// Importamos el paquete de Entity Framework Core para trabajar con bases de datos.
using Microsoft.EntityFrameworkCore;

namespace CrudAPI.Data
{
    // Clase que representa el contexto de la base de datos.
    // Esta clase hereda de DbContext, la cual es utilizada por Entity Framework Core para
    Interactuar con la base de datos.
    public class Contexto : DbContext
    {
        // Constructor de la clase Contexto que recibe las opciones de configuración para
        DbContext.
        // Se pasa el parámetro 'options' al constructor base de DbContext.
        public Contexto(DbContextOptions<Contexto> options) : base(options)
        {
            // Constructor vacío, pero podría ser utilizado para inicializar configuraciones
            Específicas.
        }

        // Propiedad que representa la tabla 'Productos' en la base de datos.
        // DbSet permite realizar operaciones CRUD (Crear, Leer, Actualizar y Eliminar) en la
        Tabla correspondiente.
        public DbSet<Producto> Productos { get; set; }
    }
}
```

5) Configurar la conexión a SQL Server

Abre el archivo **appsettings.json** y agrega la cadena de conexión a **SQL Server**:

```json
{
  // Configuración de registro (Logging)
  "Logging": {
    // Configuración de los niveles de registro para las diferentes categorías
    "LogLevel": {
      // Nivel de registro por defecto: Información (Information)
      "Default": "Information",
      // Nivel de registro específico para la categoría Microsoft.AspNetCore: Advertencia
      (Warning)
      "Microsoft.AspNetCore": "Warning"
    }
  },
  // Configuración para los hosts permitidos
  "AllowedHosts": "*", // Se permite el acceso desde cualquier host

  // Configuración de las cadenas de conexión a la base de datos
```

```
  "ConnectionStrings": {
    // Cadena de conexión por defecto a la base de datos
    // Server: Nombre del servidor SQL (en este caso "JULIAN")
    // Database: Nombre de la base de datos (en este caso "db1")
    // Trusted_Connection: Utiliza la autenticación de Windows
    // TrustServerCertificate: Permite confiar en el certificado del servidor SQL
    "DefaultConnection": "Server=JULIAN; Database=db1; Trusted_Connection=True; TrustServerCertificate=True"
  }
}
```

6) Configura el servicio de la base de datos en **Program.cs**:

En el archivo Program.cs, se configura el servicio para la base de datos mediante
inyección de dependencias, vinculando el contexto al servidor SQL. Después, se realiza
la migración de la base de datos utilizando los comandos Add-Migration y Update-
Database, lo que crea la estructura de la base de datos en el servidor especificado.

```csharp
using CrudAPI.Data;
using Microsoft.EntityFrameworkCore;

var builder = WebApplication.CreateBuilder(args);

// Obtiene la cadena de conexión desde la configuración del proyecto.
// La cadena de conexión "DefaultConnection" debe estar definida en appsettings.json o en el
archivo de configuración correspondiente.
var ConnectionString = builder.Configuration.GetConnectionString("DefaultConnection");

// Configura los servicios del contenedor de dependencias para incluir el contexto de la base
de datos.
// Utiliza SQL Server como proveedor de la base de datos, aplicando la cadena de conexión
especificada.
builder.Services.AddDbContext<Contexto>(options=>
    options.UseSqlServer(ConnectionString));

// Add services to the container.

builder.Services.AddControllers();
// Learn more about configuring Swagger/OpenAPI at https://aka.ms/aspnetcore/swashbuckle
builder.Services.AddEndpointsApiExplorer();
builder.Services.AddSwaggerGen();

var app = builder.Build();

// Configure the HTTP request pipeline.
if (app.Environment.IsDevelopment())
{
    app.UseSwagger();
    app.UseSwaggerUI();
}

app.UseHttpsRedirection();

app.UseAuthorization();

app.MapControllers();

app.Run();
```

7) Migrar la base de datos:

Abre la consola del administrador de paquetes y ejecuta los siguientes comandos

```
Add-Migration m1
Update-Database
```

Logrando el siguiente resultado:

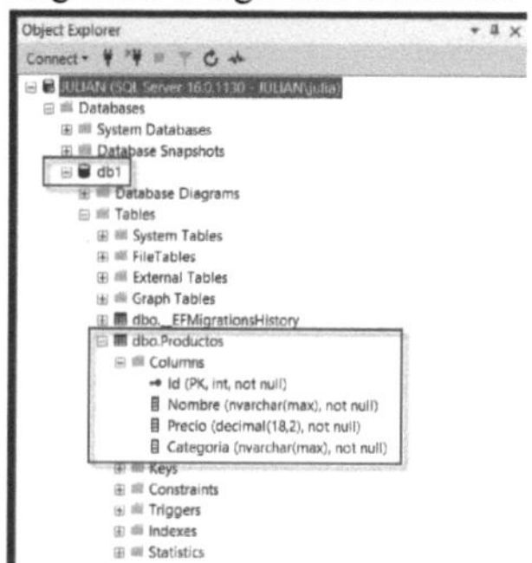

8) Crear y Configurar el controlador

Para la lógica de la API, se crea un controlador llamado ProductosController en la carpeta Controllers. Este controlador implementa los métodos necesarios para las operaciones CRUD (Crear, Leer, Actualizar y Eliminar). Los métodos como GetProducto, PostProducto, PutProducto y DeleteProducto utilizan Entity Framework Core para interactuar con la base de datos de manera asincrónica, asegurando que las solicitudes sean eficientes y no bloqueen la ejecución.

En la carpeta `Controllers`, crea un archivo 'ProductosController.cs'

```csharp
using CrudAPI.Data;
using CrudAPI.Models;
using Microsoft.AspNetCore.Mvc;
using Microsoft.EntityFrameworkCore;

namespace CrudAPI.Controllers
{
    // Define la ruta base del controlador como "api/productos"
    // y establece que este controlador utilizará las convenciones de la API.
    [Route("api/productos")]
    [ApiController]
    public class ProductosController: ControllerBase
    {
        // Campo privado que representa el contexto de la base de datos
        private readonly Contexto _contexto;

        // Constructor del controlador que inyecta el contexto de base de datos
        // mediante la técnica de inyección de dependencias.
        public ProductosController(Contexto contexto)
        {
            _contexto = contexto;
        }
```

```csharp
// Definición de un método HTTP GET en un controlador
[HttpGet]
public async Task<ActionResult<IEnumerable<Producto>>> GetProducto()
{
    // Devuelve una lista asincrónica de productos desde el contexto de datos
    (_contexto).
    // _contexto.Productos representa la colección de productos en la base de
    datos.
    // ToListAsync() convierte los datos a una lista de forma asincrónica para
    evitar bloqueos en la ejecución.
    return await _contexto.Productos.ToListAsync();
}

// Atributo que indica que este método responde a solicitudes HTTP GET y espera
un parámetro {id} en la URL.
[HttpGet("{id}")]
public async Task<ActionResult<Producto>> GetProducto(int id)
{
    // Busca de manera asíncrona un producto en la base de datos por su ID.
    var productoEncontrado = await _contexto.Productos.FindAsync(id);

    // Verifica si no se encontró el producto con el ID especificado.
    if (productoEncontrado == null) {
        // Devuelve una respuesta HTTP 404 (Not Found) si el producto no
        existe.
        return NotFound();
    }

    // Devuelve el producto encontrado como la respuesta HTTP con código 200
    (OK).
    return Ok(productoEncontrado);

}

// Método para agregar un nuevo producto a la base de datos
[HttpPost]
public async Task<ActionResult<Producto>> PostProducto(Producto nuevoProducto)
{
    // Agregar el nuevo producto al contexto de la base de datos
    _contexto.Productos.Add(nuevoProducto);
    // Guardar los cambios en la base de datos de forma asincrónica
    await _contexto.SaveChangesAsync();
    // Retornar una respuesta HTTP 201 (Created) con la URI del nuevo recurso
    creado
    // Además, incluye el objeto del producto recién creado en el cuerpo de la
    respuesta
    return CreatedAtAction(nameof(GetProducto), new { id = nuevoProducto.Id },
nuevoProducto);
}

[HttpPut("{id}")]
public async Task<IActionResult> PutProducto(int id, Producto productoModificado)
{
    // Verifica si el ID proporcionado no coincide con el ID del producto a
    modificar
    if (id != id) {
        // Retorna un error 400 (Bad Request) si los IDs no coinciden
        return BadRequest();
    }

    // Marca el producto modificado como modificado en el contexto de la base
    de datos
    _contexto.Entry(productoModificado).State = EntityState.Modified;

    try
    {
        // Intenta guardar los cambios en la base de datos
        await _contexto.SaveChangesAsync();
    }
```

```csharp
catch(DbUpdateConcurrencyException)
{
    // Captura excepciones relacionadas con conflictos de concurrencia en
    la base de datos
    if ( !_contexto.Productos.Any(p=>p.Id == id))
    {
        // Retorna un error 404 (Not Found) si el producto no existe en la
        base de datos
        return NotFound();

    }
    else
    {
        // Lanza nuevamente la excepción si ocurre otro tipo de error
        throw;
    }

}

// Retorna un código de estado 204 (No Content) indicando que la operación
fue exitosa
return NoContent();
}


// Anotación que especifica que este método responde a solicitudes HTTP DELETE
con un parámetro "id".
[HttpDelete("{id}")]
public async Task<IActionResult> DeleteProducto(int id) {

    // Busca el producto en la base de datos utilizando el ID proporcionado.
    var producto = await _contexto.Productos.FindAsync(id);

    // Verifica si el producto no se encontró en la base de datos.
    // Si es así, devuelve un código de estado 404 Not Found.
    if (producto != null) {
        return NotFound();
    }

    // Si el producto existe, lo elimina de la base de datos.
    _contexto.Productos.Remove(producto);
    // Guarda los cambios realizados en la base de datos de forma asincrónica.
    await _contexto.SaveChangesAsync();

    // Devuelve un código de estado 204 No Content, indicando que la operación
    fue exitosa pero no hay contenido que retornar.
    return NoContent();

}


    }
}
```

9) Probar la API

Finalmente, la API se prueba utilizando Swagger, una herramienta integrada que
permite interactuar con los endpoints mediante una interfaz gráfica. Swagger ayuda a
verificar la funcionalidad de las rutas GET, POST, PUT y DELETE en tiempo de
ejecución. Como paso adicional, Postman se utiliza para realizar pruebas manuales de
los endpoints, lo que permite enviar solicitudes personalizadas y validar las respuestas
de la API.

Ejecuta la aplicación y utiliza Swagger para probar los endpoints:

- **GET:** /api/productos
- **POST:** /api/productos
- **PUT:** /api/productos/{id}
- **DELETE:** /api/productos/{id}

10) Abre Postman y prueba los endpoints manualmente:

VIDEO EXPLICACIONES DEL CURSO

Sumérgete en una serie de videos educativo completamente diseñada para dominar el desarrollo de aplicaciones en C# y ASP.NET MVC, desde la creación de bases de datos hasta la implementación de funcionalidades avanzadas. Cada video es una guía práctica que te llevará paso a paso por los aspectos clave del desarrollo de software moderno.

Inicia aprendiendo a crear proyectos MVC, instalar paquetes NuGet, y configurar cadenas de conexión para optimizar tus proyectos. Profundiza en el manejo de bases de datos con SQL Server, explorando métodos como la ingeniería inversa (scaffold), scripts idempotentes y migraciones. Descubre cómo las anotaciones de datos (Data Annotations) simplifican la definición de propiedades, relaciones uno a uno, uno a muchos y muchos a muchos, mientras mejoran la estructura y validación de tus modelos.

Avanza hacia el diseño de controladores y vistas con enfoques eficientes y estilizados. Aprende a integrar botones personalizados, formularios dinámicos y bucles, utilizando herramientas modernas como Bootstrap. Domina las operaciones CRUD con validaciones avanzadas, sobrecarga de métodos, y estrategias de eliminación de registros múltiples.

Esta serie es ideal para desarrolladores de todos los niveles que buscan mejorar sus habilidades y optimizar sus proyectos. Sigue cada video y transforma tu conocimiento en soluciones prácticas para aplicaciones robustas y dinámicas.

NOMBRE DEL VIDEO	URL DEL VIDEO
Video#1 Crear proyecto MVC e Instalar paquetes Nuget	https://youtu.be/1igpMbZlN2I
Video#2 Crear contexto y configurar la cadena de conexion	https://youtu.be/aGluDg75Rbo
Video#3 Crear Base de Datos, utilizando el Explorador de Objetos de SQLServer	https://youtu.be/nAy5e12vFUg
Video#4 Crear B.D y Tabla generando un archivo de clase, utilizando el explorador de objetos SQL Server	https://youtu.be/VOpfoJibqJs
Video#5 Crear B.D, Ingeniería Inversa (scaffold), utilizando el explorador objetos de SQL Server	https://youtu.be/8R-cZAOUUjU
Video#6 Crear Tablas, utilizando Script de Migración (IdemPotent), utilizando el explorador objetos de SQL Server	https://youtu.be/tKIL5JtfGTw
Video#7 Crear base de datos y tabla, con migraciones y haciendo uso del Management Studio de SQL Server	https://youtu.be/GkVdnEv0ax8
Video#8 Crear B.D, Ingeniería Inversa (scaffold) y Script (Idempotent), haciendo uso del Management Studio de SQL Server	https://youtu.be/D7xfsXA1JXA
Video#9-Definir las propiedades con Anotaciones de Datos (Data Annotation)	https://youtu.be/JXe3-eK0bSQ
Video#10-Cambiar los nombres de tabla y de columnas con Anotaciones de Datos (Data Annotation)	https://youtu.be/GAnR9O2iNGl

Video#11-Creación de Clase Proveedor, con Anotaciones de Datos (Data Annotation)	https://youtu.be/VZuSEKpstHI
Video#12- ¡Transforma tu Código en C#: Domina la Sinergia de Claves Primarias y Foráneas con Data Annotations!	https://youtu.be/u_hKIlkll1c
Video#13- Data Annotations para Construir Relación Uno a Uno entre Cliente y DetalleCliente	https://youtu.be/Rq23PEn6hSA
Video#14- Data Annotations para Artículos y Categorías en Relaciones Uno a Muchos	https://youtu.be/IVJaqalxv8k
Video#15- Relaciones Many-to-Many con Data Annotations: Crea Tablas Intermedias y Gestiona Artículos y Etiquetas	https://youtu.be/wW62anSDqRq
Video#16- Domina MVC: Crea Controladores de Forma Eficiente en Tu Proyecto	https://youtu.be/UBgWecRG-mA
Video#17- Domina MVC y Diseña Vistas Impactantes en Tiempo Récord	https://youtu.be/MDYd-hxsyFw
Video#18- Cómo Crear un Botón Personalizado en la Barra de Navegación: Guía Rápida y Moderna	https://youtu.be/xCXRGLdj3Aq
Video#19- Desarrollando un Controlador Eficiente para la Clase Artículos	https://youtu.be/MsyHpaOxfWQ
Video#20- Creando Vistas Efectivas para la Clase Artículos	https://youtu.be/Q4fCOHoIn-Q
Video#21- Implementación de Data Annotations, Creación de Controladores y Vinculación Dinámica con List Items	https://youtu.be/OfWQSqacPiY
Video#22-Implementación del Método de Acción Índex y Programación de la Vista Índex para una Operación READ Eficiente	https://youtu.be/sPSDN6r_25U
Video#23-Implementación de Método de Acción y Desarrollo de Vista para la Creación de Nuevos Registros de Clientes	https://youtu.be/nZ_KO3gu-zo
Video#24-Sobrecarga de Métodos y Maquetación de Vistas: Estrategias Modernas para la Creación Eficiente	https://youtu.be/N_puadZTRB0
Video#25-Validación Avanzada de Formularios y Optimización del Método de Almacenamiento de Registros de Clientes	https://youtu.be/G_4InNRKCQM
Video#26- "Bienvenidos al desafío de CrearM: Innovación y Desarrollo en Acción"	https://youtu.be/IchR6OjfllQ
Video#27- "Bienvenidos a la creación dinámica: Formularios y Bucles en acción"	https://youtu.be/J4UkX-koYN0
Video#28- "¡Bienvenidos a la magia del diseño web con Bootstrap!	https://youtu.be/Ya8A_yFK-5A
Video#29- "¡Bienvenidos a la Creación de Métodos y Listas Efectivas!"	https://youtu.be/QbLndQzlMVE
Video#30- "¡Bienvenidos a la Innovación: Declaración de Objetos y Bucles!"	https://youtu.be/aDvlkOJn87q
Video#31- "¡Bienvenidos! Aprendamos a Validar Formularios y Guardar Objetos Juntos"	https://youtu.be/zin_VuTQatq
Video#32- "Bienvenida al Aprendizaje: Validando Modelos con Data Annotations Efectivos"	https://youtu.be/8qyouImV7j8
Video#33- 🪄 Domina el Método de Acción EDITAR en C#: Operaciones CRUD Simplificadas 💻	https://youtu.be/2xqizwv1BhI
Video#34- 💻✨ Domina C#: Crea Vistas y Recupera Datos con Operaciones CRUD 🔐💻📊	https://youtu.be/tjAFQLYzlfc

Video#35- ↻ Domina Operaciones CRUD en C# con Sobrecarga para Editar Registros 💻✨	https://youtu.be/fVDzgfNxSFM
Video#36- 💻✨ "C# en Acción: Validación y Eliminación en Operaciones CRUD" 🛠️□⚡	https://youtu.be/EnG65bATr7k
Video#37- Título: 💻✨ "Dominando C# con Operaciones CRUD: ¡Elimina Múltiples Registros con Sobrecarga de Métodos!" 🗑️🚀	https://youtu.be/tiYvnk0H6iI

Imagen 20:

Fuente: Imagen Propia

CONCLUSIÓN

El presente trabajo se posiciona como una herramienta esencial para desarrolladores de software de todos los niveles, combinando un enfoque teórico-práctico que aborda técnicas avanzadas en el desarrollo de aplicaciones empresariales. Desde la configuración inicial de herramientas como **Visual Studio Community 2022** y **SQL Server Management Studio** (Microsoft, 2022), hasta la implementación de arquitecturas modernas como el patrón **Modelo-Vista-Controlador (MVC)** en ASP.NET Core (Microsoft, 2022), este documento ofrece una perspectiva integral que abarca cada etapa del desarrollo.

El contenido incluye desde la personalización del entorno de desarrollo hasta la creación de APIs RESTful, pasando por la gestión de relaciones complejas entre entidades (Microsoft, 2022). Se detalla el uso de **Entity Framework Core** como un ORM que simplifica las operaciones CRUD y mejora la calidad y consistencia de los modelos mediante **Data Annotations** (Microsoft, 2022). Estas validaciones permiten establecer restricciones y asegurar la integridad de los datos, marcando un estándar de calidad en el diseño de aplicaciones modernas.

Además, el documento explora herramientas avanzadas como el **Scaffolding** y la **ingeniería inversa**, que reducen errores y agilizan los procesos de desarrollo al generar automáticamente código basado en esquemas predefinidos (Microsoft, 2022). Un aspecto destacado es el manejo de cadenas de conexión en el archivo appsettings.json, junto con la ejecución de scripts de migración idempotentes, elementos fundamentales en escenarios de despliegue continuo y automatización del desarrollo (Microsoft, 2022).

La implementación de relaciones complejas como **uno a uno, uno a muchos y muchos a muchos** también es abordada de manera exhaustiva, facilitando la comprensión y aplicación de arquitecturas empresariales en proyectos reales (Microsoft, 2022). Estas estrategias no solo optimizan el desarrollo, sino que también equipan a los desarrolladores con las competencias necesarias para enfrentar desafíos complejos con soluciones robustas, escalables y alineadas con las demandas del mercado actual.

En conjunto, este trabajo se presenta como un recurso diseñado con un enfoque pedagógico estructurado, no solo para fomentar el aprendizaje técnico, sino también para impulsar la excelencia profesional. Es una guía indispensable para quienes buscan destacar en el dinámico y competitivo campo del desarrollo de software (Microsoft, 2022).

REFERENCIAS BIBLIOGRAFICAS

1. Alexiou, A. (2019). C# in Depth: Fourth Edition. Manning Publications.
2. Albahari, J., & Albahari, B. (2023). C# 11 and .NET 7: Modern Cross-Platform Development. O'Reilly Media.
3. Bass, L., Clements, P., & Kazman, R. (2012). Software Architecture in Practice. Addison-Wesley.
4. Burns, M. (2019). Learn Azure in a Month of Lunches. Manning Publications.
5. Conard, K. (2020). Design Patterns in C#: Best Practices and Techniques. O'Reilly Media.
6. Esposito, D. (2018). Architecting Applications for the Enterprise. Microsoft Press.
7. Esposito, D. (2021). Modern Web Development with ASP.NET Core 6: Building Scalable Web Applications and RESTful Services. Packt Publishing.
8. Fagerland, C. (2020). Essential C#: 8.0 and .NET Core 3.1. Addison-Wesley Professional.
9. Freeman, A. (2022). Pro ASP.NET Core MVC 6. Apress.
10. Galloway, J. D., Wilson, P., Matson, K., & Lerman, J. (2018). Professional ASP.NET MVC 5. Wrox.
11. Gravell, M. (2021). High-Performance .NET Code: Optimize Memory Usage and CPU Time. Manning Publications.
12. Hejlsberg, A., Wiltamuth, S., & Golde, P. (2003). The C# Programming Language. Addison-Wesley.
13. Horn, T. (2022). Entity Framework Core in Action. Manning Publications.
14. Johnston, M. (2021). ASP.NET Core MVC and Razor Pages for Beginners. BPB Publications.
15. Joshi, D. (2021). Hands-On Microservices with C#: Advanced Design Patterns and Techniques. Packt Publishing.
16. Kalin, J. (2020). ASP.NET Core Security. Apress.
17. Lerman, J., & Miller, R. (2019). Entity Framework Core in Action, Second Edition. Manning Publications.
18. McDonald, M. (2021). Pro T-SQL Programmer's Guide. Apress.
19. Microsoft. (2022). Anotaciones de datos en ASP.NET Core. Recuperado de https://learn.microsoft.com/
20. Microsoft. (2022). Comandos básicos de migración en Entity Framework Core. Documentación oficial. Recuperado de https://learn.microsoft.com/
21. Microsoft. (2022). Configuración del archivo appsettings.json en ASP.NET Core. Documentación oficial. Recuperado de https://learn.microsoft.com/
22. Microsoft. (2022). Optimización de scaffolding en ASP.NET Core. Recuperado de https://learn.microsoft.com/
23. Microsoft. (2022). SQL Server Management Studio Documentation. Recuperado de https://learn.microsoft.com/sql/ssms/
24. Murphy, R. (2021). The Ultimate Guide to SQL Server for Developers. Apress.
25. Perkins, J. (2021). Programming C#: Build Cloud, Web, and Desktop Applications. O'Reilly Media.

26. Petrusha, R. (2020). Beginning C# 8.0: Learn the Basics of C# Programming. Apress.
27. Proise, P. (2022). Advanced ASP.NET Core Practices. Manning Publications.
28. Rahman, A. (2020). Mastering ASP.NET Core 5.0. Packt Publishing.
29. Rahl, P. (2020). Data Migration Techniques with Entity Framework Core. Packt Publishing.
30. Ramachandran, V. (2020). Mastering Data Validation with C# and Data Annotations. Medium.com.
31. Reese, T. (2021). ASP.NET Core Razor Pages in Action. Manning Publications.
32. Robinson, K., & Cavanagh, G. (2021). SQL Server 2019 Administration Inside Out. Microsoft Press.
33. Sadalage, P. J., & Fowler, M. (2012). NoSQL Distilled: A Brief Guide to the Emerging World of Polyglot Persistence. Addison-Wesley.
34. Seeman, M. (2019). Dependency Injection Principles, Practices, and Patterns. Manning Publications.
35. Sharma, N. (2022). Learning SQL Programming with Visual Studio. Packt Publishing.
36. Snell, K. (2023). Building Web Applications with Visual Studio 2022. Apress.
37. Taylor, D. (2020). Programming Razor Pages in ASP.NET Core. O'Reilly Media.
38. Tucker, G. (2021). Pro C# 8.0 with .NET Core 3: Expert Practices. Apress.
39. Troelsen, A., & Japikse, P. (2021). Pro C# 10 with .NET 6: Foundational Principles and Practices in Programming. Apress.
40. Microsoft. (2024). ASP.NET Core Documentation. Recuperado de https://docs.microsoft.com/aspnet/

I want morebooks!

Buy your books fast and straightforward online - at one of world's fastest growing online book stores! Environmentally sound due to Print-on-Demand technologies.

Buy your books online at
www.morebooks.shop

¡Compre sus libros rápido y directo en internet, en una de las librerías en línea con mayor crecimiento en el mundo! Producción que protege el medio ambiente a través de las tecnologías de impresión bajo demanda.

Compre sus libros online en
www.morebooks.shop

Printed by Books on Demand GmbH, Norderstedt / Germany